바이오 투자 레전드 황만순의
대한민국 바이오 투자

바이오 투자 레전드 황만순의 **대한민국 바이오 투자**

Bio

바이오, 반도체를 넘보다

황만순 지음

리치캠프
RICHCAMP

바이오 섹터가 매력적인 이유

사실 바이오 섹터는 일반인에게는 조금 생소한 부문입니다. 주식 투자를 하는 분들의 경우에도 절대 사지 말라는 충고를 가장 많이 듣는 것이 아마도 바이오 관련 종목일 거라 생각합니다. 저는 약대를 졸업했고 유한양행에서 신약 개발 관련 연구도 했던 경험 때문에 관심을 가지게 된 것은 어찌 보면 당연한 일입니다만 요즘은 많은 분들이 바이오 섹터에 관심을 많이 가지십니다. 아니 점점 더 관심도가 높아지고 있습니다.

그렇다면 왜 사람들이 바이오 섹터에 관심을 가지게 되는 걸까요? 저는 개인적으로 바이오 분야에서 우리가 해결해야 할 과제가 너무 많기 때문이라고 생각합니다. 난치성 질환이 너무 많기 때문에 해야 할 일이 무궁무진하게 많은 것이 바이오 영역이고, 그런 까닭에 나올 수 있는 기술이 굉장히 많습니다. 흔히 농담처럼 대머리 치료제를 개발하는 사람은 노벨상을 탈 거라는 말을 합니다만 실제로 탈모도 아직 해결을 하지 못했습니다. 치매도 마찬가지고 자폐도 마찬가지입니다. 물론 코로나19 백신이나 치료제도 마찬가지죠. 그렇게 해결하지 못한 과제가 많은 것과 또 한 가지 특허에 기반한 독점권이 있는 고부가가치 산업이라는 점이 우리를 자연스럽게 바이오 섹터에 관심을 가지게 만드는 이유 아닌가 생각합니다.

지금까지 저는 직업상 굉장히 많은 돈을 투자해왔습니다. 물론 실패도 있었지만 성공적인 투자도 많았죠. 덕분에 누적 멀티플은 3.4배 정도인 것 같습니다. 흔히 글로벌 투자가분들이 인정하는 비율이 2.5배라고 하죠. 그러니 아주 나쁜 성적은 아닌 것 같습니다. 하지만 중요한 것은 성적보다 간절한 마음이라고 생각합니다.

믿지 않으실지도 모르겠습니다만 저는 매일, 아니 매순간 간절하려고 노력합니다. 작년에도 제가 투자한 회사들 중 지놈앤컴퍼니, 젠큐릭스, 엔젠바이오 등이 상장되었습니다만 그 회사들이 상장되는 순간이며, 그 회사들이 기술 이전하는 순간들, 그들이 임상하는 하나하나의 순간을 지켜보면서 저는 음지에서 최선을 다해 지원하려고 노력하고 있습니다. 지금도 마찬가지고요.

그렇게 하려고 노력하다 보니 가끔 지치기도 합니다만 저는 매주 일정표에 쓰는 말이 있습니다. 첫 번째가 "고개 들면 죽는다"라는 것입니다. 이렇게 말씀드리면 건방지다는 말씀을 하실지도 모르겠습니다만 약대를 졸업하고 새로운 업계에 와서 어쩌다 보니 대표도 되었습니다. 그런 까닭에 굉장히 많은 사람들이 저에 대해 관심을 보이기도 하고 질투도 하고 축하해주시기도 하는데 그러다 보니 자칫 잘못하면 건방을 떨게 됩니다. 그래서 항상 적어서 가지고 다니는 말입니다. 그런데 골프를 칠 때는 자꾸 고개를 들게 되더군요.

두 번째는 "복기하자"입니다. 제가 바둑은 잘 못 둡니다만 늘 복기하려고 애를 쓰고 있습니다. 어제 있었던 일을 복기하려고 노력하고 있고, 특정 회사에 투자해서 실패하면 실패한 대로, 성공하면 성공한 대로, 그 과정에 대해서 일상에 대해서 늘 복기하려고 노력합니다. 그렇게 복기하다 보면 뭔가 아쉬운 순간이 있기 마련이죠. '아, 그때 그렇게 하지 말걸.' 혹은 '그때 이렇게 했으면 더 좋았을걸.' 같은 것들이죠.

마지막으로 세 번째는 제가 해야 될 일도 많고 복잡한 까닭에 "개별 목표를 기억하라" 하는 게 있습니다.

그런 식으로 20년이라는 세월을 살아왔습니다. 그러다 보니 아주 조금은 바이오 섹터에 대한 투자를 이해하게 되었고 또 그 부분을 많은 분들과 함께하고 싶어서 이 책을 쓰게 되었습니다. 저 역시 여러모로 미숙하고 또 배워야 할 것이 많습니다만 이 책이 여러분들께 조금이라도 도움이 된다면 정말 기쁠 것 같습니다.

2021년 유월 황만순

● 목차

사람들은 왜
바이오에 열광하는가?

Bio

한국의 바이오 산업,
그 태동은 언제인가?

국내 바이오 산업의 태동에 대해 말씀드리기 전에 독자 여러분께 질문을 하나 던지고자 합니다. 의약품 시장이 클까요, 반도체 시장이 클까요? 의약품 시장이 세 배 정도 크다가 정답입니다. 정부든 민간이든 바이오 산업을 육성하는 일에 많은 돈을 투자하는 이유가 거기에 있습니다.

한국에서 최초의 바이오 벤처 기업이 출현한 것은 1992년이었습니다. 이후 1996년 7월 코스닥 시장이 개장되면서 바이오 벤처 창업을 위한 자금 조달과 투자가 가능해졌고 IT 분야와 함께 바이오도 벤처 붐이 일어나게 되었죠. 1998년 이전까지 100여 개의 벤처 기업이 창업된 것에 비해 이후 3년 동안 500개가 넘는 기업이 창업된 것입니다. 하지만 당시의 바이오 붐은 오래 가지 못했습니다. 2002년에는 신규 바이오 벤처가 급감하였고 많은 기업들이 자금난과 경영 악화를 견디지 못하고 인수 및 합병이 되었습니다. 그리하여 2004년 정부는 '벤처기업 활성화 대책'을 발표하며 침체된 경기를 활성화하려 노력하였고 '중소기업 투자 모태 펀드'를 조성하여 민간 투자가 취약한 바이오 분야에 집중 투자하기 시작했습니다. 특히 재무적 요건이 충족되지 않더라도 기술 특례 제도를 통해 코스닥에 상장될 수 있도록 진입 요건이 완화되었습니다. 덕분에 많은 바이오 기업이 코스닥에 상장되며 큰 주목을 받았고 바이오 기업의 창업이 다시 활성화될 수 있었죠.

그 이후 부침은 있었으나 바이오 산업은 계속 발전을 이루었습니다. 2021년 1월 29일 성윤모 산업통산자원부 장관은 2021 바이오업계 신년 인사회에서 바이오 산업을 미래 먹거리를 책임지는 빅3(바이오, 비메모리 반도체, 미래차) 산업으로 위상을 다졌다고 선언하면서, 2021년을 바이오 산업이 한 단계 더 도약하는 계기로 만들겠다고 했습니다. 이렇듯 정부가 바이오 산업을 향한 기대와 육성 의지를 내비친 것은 어제오늘의 이야기가 아니죠.

그래서인지 지금은 TV 등 각종 매체를 통해 바이오라는 말을 흔히 들을 수 있습니다. 사실 바이오라는 표현도 많이 씁니다만 바이오 헬스케어라는 단어도 함께 많이 사용합니다. 굳이 나누자면 바이오 영역은 산업 쪽이고 헬스케어는 의료 쪽이라고 생각하시면 될 것 같습니다.

바이오 산업은 생명 공학 기술을 기반으로 생물의 기능과 정보를 활용하여 다양한 부가가치를 생산하는 산업입니다. 운용하는 분야가 다양하기 때문에 바이오 산업은 제품에 따라 분류되지 않고 기반 기술의 적용 대상에 따라 구분되며 국가별로 산업의 범위가 상이하여 분류가 명확하게 정의되지는 않았습니다.

국내에서는 바이오 산업을 8개의 대분류와 51개의 중분류로 코드화하여 분류 체계를 정의하고 있고 해외에서는 바이오 산업의 범위를 명확히 구분하지는 않지만 일반적으로 바이오 기술을 의약(레드 바이오), 산업(화이트 바이오), 농업 및 식품(그린 바이오) 등 세 가지로 나누거나 혹은 융합 바이오까지 넣어서 네 가지로 분류하고 있습니다.

먼저 레드 바이오는 의약 및 제약 관련 바이오를 의미합니다. 치료제, 진단 기기, 의료 기기 등이 해당한다고 볼 수 있습니다. 그다음으로 그린 바이오라는 것이 있습니다. 그린 바이오는 농업이나 임업, 수산업, 식품업과 관련된 바이오 기술입니다. 그러니까 종묘 회사 같은 것도 바이오 회사에 속하는 것이라 할 수 있죠. 또 화학제품이나 연료를 만드는 분야의 바이오를 지칭하는 화이트 바이오도 있으며 레드나 그린처럼 하나에만 속한 게 아니기 때문에 융합 바이오라 불리는 영역도 있습니다.

화이트 바이오와 관련해서 한 가지 예를 들어 말씀드리면 요즘 미세 플라스틱으로 인한 해양 오염 문제가 심각합니다. 하지만 플라스틱을 사용하지 않을 수는 없는 일인 만큼 사용한 플라스틱을 아예 사라지게만 할 수 있다면 큰 걱정을 덜 수 있을 것입니다. 아직까지는 기술이 조금 부족하지만 향후 플라스틱을 완전히 분해할 수 있는 미생물을 누군가 찾아낼 것이고 그 사람은 아마 노벨상을 받을 것입니다. 현재 그런 연구가 많이 되고 있다는 말을 하고 싶어 드리는 말씀입니다.

✦ 바이오 산업의 분류 및 산업 바이오 개념

구분	내용	산업별 상장사
의약 바이오	저분자 의약품, 생물 의약품 등을 생산하는 바이오 산업의 대표적 분야로, 시장 규모가 바이오 산업의 60% 이상을 차지함	- 셀트리온, SK바이오팜, 에이치엘비 등 - Pfizer, Novartis, J&J 등
그린 바이오	동식물, 미생물체를 대상으로 농업, 임업, 수산업에 바이오 기술을 활용하여 산업적으로 효용이 있는 자원과 소재, 제품을 대량 생산하는 분야	- 제노포커스, 아시아종묘, 옵티팜 등 - Bayer CropScience, DuPont Pioneer, Syngenta 등
산업 바이오	바이오매스를 원료로 바이오 기술(생촉매)을 이용해 바이오 기반 화학제품(유기산, 아미노산, 폴리올, 바이오폴리머 등) 또는 바이오 연료(바이오 에탄올, 바이오 디젤, 바이오 부탄올) 등을 생산하는 분야	- CJ제일제당, SK케미칼, LG화학 등 - Bayer, Dow Chemicals, DuPont 등
융합 바이오	생물체 관련 분석 및 검출 기술의 발전에 따라 IT기술 등이 바이오 기술과 융합되어 새로운 시장을 형성하는 분야	- 신테카바이오, 스탠다임, 젠큐릭스 등 - Schrodinger, AbbVie 등

제1장 사람들은 왜 바이오에 열광하는가?

일반적인 신약 개발 과정

1단계	약물 후보 물질 발굴 및 물질 최적화 / **기초 연구 2~3년** / 시험관, 동물	치료약에 대한 논리 개발 / FDA 규제관과 기획/협의
	임상 시험용 신약 신청서 접수	
2단계	효능과 안전성 탐색 / **전임상 시험 2~3년** / 동물	Expedited review 신청
	임상 시험 1상 / 참여 인원 : 20~80명 / 목적 : 주로 안전성 평가 / 성공률 : ~70%	
3단계	효능과 안전성 확인 / **임상 시험 3~10년** / 정상인, 환자	
	임상 시험 2상 / 참여 인원 : 100~300명 / 목적 : 효능을 보이는 최고 복용량 조사 / 성공률 : ~33%	
4단계	신약 승인 신청 / **FDA 심사 1~2년** / 7명 전문 위원 심사, 필요시 자문 위원회	FDA와 임상 기획/협의/결정 / 공동 목표 설정이 중요함 / 많이 만날수록 좋음
5단계	국가 건강 보험약에 등재 / **신약 판매 승인**	
	임상 시험 3상 / 참여 인원 : 300~3,000명 / 목적 : 효능 및 안전성 확인 / 성공률 : 25%	
6단계	안전성 관찰 및 처방 / **시판 후 조사**	NDA 신청 준비 / Priority Review 신청

바이오 기업은
과연 어떤 것을 만드는가?

국내의 산업 바이오 기업에서는 아미노산 효소 같은 것도 많은 양을 생산 중입니다. 그러한 회사 중에 CJ제일제당이라는 회사가 있습니다. 많이들 아시겠지만 설탕, 햇반 같은 제품을 만드는 회사죠. 그 CJ제일제당에는 효소 사업부가 있습니다만 그 사업부에서만 몇 조 원 이상의 매출이 나오는 것으로 알려져 있습니다. 바로 아미노산으로 인한 매출입니다. 아미노산은 사람이 병원에 가면 흔히 맞는 링거에 많이 포함되어 있습니다. 사람의 몸에 좋은 만큼 동물에게도 좋은 물질이고요. 그렇게 개발된 사료용 아미노산의 세계 점유율 1위가 바로 CJ제일제당인 것입니다.

또 하나 그런 바이오의 개념으로 한 가지 사례를 더 말씀드리면 우리나라 상장사 중에서 시가 총액은 그리 높지 않습니다만 진바이오텍이라는 회사가 있습니다. 그 회사에서도 여러 가지 제품을 만들고 있습니다만 그중에 대두박을 이용한 제품이 있습니다. 대두박이란 콩에서 기름을 다 짜내면 남는 찌꺼기 같은 것입니다. 사료로 쓰이는 거죠. 그런데 이 대두박을 그냥 그대로 돼지한테 주면 살이 많이 찌지 않습니다. 하지만 대두박에 특정 미생물을 첨가하고 조금 발효를 시켜 돼지에게 주면 돼지의 성장 속도가 훨씬 빨라집니다. 맛은 잘 모르겠습니다만. 당연히 양돈 농가에서는 돼지가 빨리 커야지 수입이 늘어나는 것이고요.

바이오라고 하면 항상 떠올리는 것은 치료제나 진단 의료 기기 정도입니다만 CJ제일제당 같은 곳은 아미노산으로 전 세계 1위를 점유하고 있기도 하고 만약에 이런 기술을 가지고 향후 마이크로바이옴 같은 분야에 진출한다면 거기에서도 훌륭한 성과를 얻어낼 수 있을 것입니다.

CJ제일제당 외에도 몇 개 기업을 소개하자면 제노포커스라든지 아미코젠 같은 상장 기업이 있습니다. 제노포커스는 우리가 산업에 많이 쓰는 효소류를 만드는 회사입니다. 원래는 대전에서 반재구 박사가 2000년에 만드셨던 회사입니다만 시간이 흐르면서 많은 기술 축적이 이루어졌고 지금은 특정 분야에 최적화된 효소 솔루션 개발이 가능한 플랫폼 기술을 가지게 되었습니다. 또 다른 기업인 아미코젠은 경남 진주에 본사가 있습니다. 이곳 역시 효소 관련 제품을 만들어서 의약품 중간체 등을 제조할 때 활용하고 있지요.

이렇게 CJ제일제당도 그렇고 제노포커스도 그렇고 아미코젠도 그렇지만 많은 기업이 바이오 산업에서 굉장히 중요한 역할을 하며 이미 부가가치를 많이 창출했고 앞으로도 창출할 수 있을 것입니다.

⚜️ CJ제일제당, 제노포커스, 아미코젠 간략 소개

업체명	주요 사업 및 매출액(2019년)	사업 내용	비고
Cj제일제당 (시가 총액: 6조 5,786억 원, 2020년 1월 15일 기준)	식품 및 생물공학/약 2조 원 이상 (효소사업부, 2017년 기준)	50년 이상 축적된 미생물 발효 기술을 바탕으로, 핵산, L-lysine, L-Threonine, L-Methionine, L-tryptophan, L-valine, PROSIN 등 제품 생산	- 브라질 글로벌 1위 농축 대두 단백 업체 Selecta 인수 - 중국 효소 기업(유텔) 약 600억 원에 인수 (2020년) - 사료용 아미노산 및 발린 시장 점유율 세계 1위, 핵산 시장 점유율 세계 1위, 라이신 시장 점유율 세계 2위
제노포커스 (시가 총액: 2,015억 원, 2020년 1월 15일 기준)	산업용 및 식품 가공용 효소/149억 원 (영업이익: -29억 원)	- 특정 분야에 최적화된 효소 솔루션 개발이 가능한 플랫폼 기술 보유 - 미생물 디스플레이 및 게놈 에디팅 기술로 고객 대상 최적화된 맞춤형 효소 개발 및 대량 생산 - 산업용 특수 효소와 바이오 신소재로 수익 창출(갈락토올리고당, 락타아제, 카탈라아제, Bio-retinol, Mutanase 등) - 마이크로바이옴 신약 개발	코로나19 및 에이즈, 간염, 인플루엔자 등의 바이러스 분자 진단 시약용 효소를 국내 분자 진단 업체에 공급 개시

| 아미코젠 (시가 총액: 6,532억 원, 2020년 1월 15일 기준) | 제약용 특수 효소 및 바이오 신소재/1,152억 원 (영업이익: -22억 원) | - 유전자 진화 기술을 기반으로 효소 반응, 효소 고정화 및 대량 생산에 관한 기술 경쟁력을 확보
- 항생제 생산에 사용되는 특수 효소, 단백질 항체 분리 크로마토 그래피용 레진, 건강 기능 식품 소재인 기능성 원료 등을 개발 및 생산 | - 제4공장 건립 계약 체결
- 신규 4공장을 통해 엔돌라이신을 비롯한 다양한 의약용 미생물 단백질을 생산할 계획 |

바이오 산업이 투자자들에게 매력적인 이유는?

일단 국내 바이오 헬스케어 산업이 앞으로도 계속 성장할 것으로 전망되기 때문입니다. 정부가 바이오를 한국의 5대 수출산업으로 육성시키겠다는 발표를 하였고, 이에 따라 신약을 개발하는 활동이 더욱 활발해지고 있으며 투자도 더욱 증가할 것으로 보입니다. 그렇게 되면 벤처 투자 시장뿐만 아니라 주식 시장에서의 투자도 더욱 활발해지겠죠. 바이오 기업 전체의 시가 총액은 불과 10년 전만 해도 코스피 시가 총액의 1%에 불과했지만 현재는 9.1% 수준이고 코스닥은 27% 이상입니다. 실적을 바탕으로 한 대형 바이오 업체와 기술력을 중심으로 하는 강소 바이오 업체들이 지속적으로 나오면서 앞으로 국내 바이오 시장은 지속적으로 성장할 것입니다. 다만 장기적인 계획 수립, 임상 시험 디자인 및 수행 노하우, 글로벌 유통 시장 접근 능력 등을 더 키워나가야 할 것입니다.

10여 년 전 미국의 바이오 산업에 대한 투자 비중은 23% 이상이 었지만 국내는 4% 수준이었습니다. 지금은 국내도 30% 수준까지 증가한 상황이죠. 벤처 캐피털의 투자 전문가들은 앞으로 5년 후에 도 바이오 시장이 확대되고 성장할 것으로 보고 있습니다. 특히 코로나19 이후 백신 개발 등 바이러스나 질병 관련 투자에 관심이 높아 지고 있는 상황이기도 하고요.

개인적으로 인류가 인체에 대해 몇 퍼센트 정도 이해했느냐 자문 해보면 그 수준이 5% 정도라고 생각합니다. 암, 치매 등 질병에 대한 정복이 되어야 바이오 시장의 성장세가 꺾이는 추세가 되겠지만 안 타깝게도 아직까지 그런 질병에 대한 연구는 한참 더 진행되어야 할 것 같습니다. 그런 만큼 향후 20년 동안은 바이오 시장에 대한 성장 세는 꺾이지 않을 것으로 생각합니다.

최근 들어 바이오 기업의 성장 속도가 더욱 빨라지고 있습니다. 이는 높은 실적 성장세 및 R&D 성과 등을 바탕으로 코로나19 관련 치료제 및 백신 개발로 인해 더욱 혜택을 누리는 것으로 보입니다. 특히, 국내의 경우 코로나 치료제 및 백신에 대한 높은 수요로 CMO

및 진단 키트 업체들에게 큰 성장 원동력을 불어넣어주었습니다.

　코로나19가 어쩌면 한국에게 큰 기회가 될 수도 있는 것이, 다른 국가들이 한국의 바이오 시장을 보는 시각이 달라진 것 자체가 큰 기회라고 생각합니다. 바이오 선진국들이 국내 바이오 기업들에 관심이 더욱 커질 것으로 전망하며 기술 이전 및 공동 연구가 더욱 활발해질 것으로 예상합니다. 한국에서 수십 개의 기업들이 진단 키트를 만들어 전 세계에 수출하고 있는데, 미국이나 유럽이 아닌 왜 대한민국에서 이렇게 많은 비중을 담당하게 되었을까요? 그건 우리나라가 잘 만들고 믿을 수 있기 때문입니다. 다국적 회사들이 백신을 녹십자나, SK바이오사이언스 등 한국에서 만드는 이유는 빠른 속도로 제대로 만들 수 있다는 인식의 전환이 있었기 때문에 가능하였다고 생각합니다. 지금부터는 전 세계에서 대한민국을 바라보는 시각이 북핵 문제, 한류를 넘어서 K방역, K바이오에 더 비중이 커지지 않을까 생각합니다.

국내 주요 제약사(매출 상위 기준)

업체명	설립연도 및 시가 총액 (2021년 5월 31일 기준)	매출액 및 영업 이익 (2019년 기준)	주요 파이프라인
유한양행	1926년 4조 5,972억 원	1.4조 원 125억 원	- 레이저티닙(폐암)-임상 3상 - YH12852(장 폐색증)-임상 2상 - YH14618(퇴행성 디스크 질환)-임상 2상 - YH25724(NASH)-전임상
한미약품	1973년 4조 2,938억 원	1.1조 원 1,039억 원	- 롤론티스(호중구 감소증)-허가 신청 완료 - 오락솔(유방암)-허가 신청 완료 - 에페글레나타이드(당뇨)-임상 3상 - 에피노페그듀타이드(NASH/비만)-임상 2상 - 포지오타닙(유방암, 폐암)-임상 2상 - 오라테칸(대장암)-임상 2상 - 에페소마트로핀(성장 호르몬 결핍증)-임상 2상 - BTK(자가 면역 질환)-임상 2상
녹십자	1969년 3조 9,910억 원	1.3조 원 403억 원	- GC5101B(선천성 면역 결핍증)- 임상 3상 - GC5107B(원발성 면역 결핍)- 임상 3상 - GC111B(헌터 증후군)-임상 2상 - MG1113A(혈우병)-임상 1상
종근당	1941년 1조 4,911억 원	1조 원 746억 원	- CKD-942(통증, 소양증)-임상 3상 - CKD-701(황반 변성)-임상 3상 - CKD-971(루프스)-임상 2상 - CKD-516(대장암)-임상 1상
대웅제약	1945년 1조 7,785억 원	1.1조 원 447억 원	- HL036(안구 건조증)-임상 3상 - Furestem-CD(크론병)-임상 3상 - DWP706(각막 손상)-임상 2상 - Furestem-RA(류마티스 관절염)-임상 1상

또한 부가가치 및 독점권과 관련된 이유도 있습니다. 대부분의 사람들은 현재 핸드폰을 하나씩 가지고 있습니다. 핸드폰은 통상적으로 2년 혹은 3년에 한 번씩 바꾸시죠. 그렇게 2, 3년에 한 번씩 바꿀 때마다 핸드폰에는 새로운 기술이 탑재됩니다. 그러면 그 기술 덕분에 소비자인 저희들은 편리하게 쓸 수 있죠. 그런데 핸드폰을 개발하는 애플이나 삼성전자 입장에서 생각해보면 특정 핸드폰을 개발하기 위해 특정 특허를 여기에 사용했는데 그 특허로 20년 이상을 수익을 얻고 싶어도 기술이 너무 빨리 발전하는 탓에 손해를 보는 거죠. 핸드폰이 출시될 때마다 애플이 1등을 했네, 삼성이 1등을 했네, 하고 싸워야 하니 힘들고요. 그런데 하나를 개발하면 수십 년동안 독점권을 행사할 수 있는 산업이 있습니다. 바로 바이오 산업입니다.

바이오 산업에서 가장 대표되는 분야는 신약 개발입니다. 그리고 이 신약은 한번 만들어지면 사람들이 돈을 쓰는 데 주저하지 않습니다. 핸드폰은 100만 원짜리와 20만 원짜리가 있으면 상황에 따라 둘다 쓸 수 있지만 내가 병에 걸리게 되면 낫기 위해서는 3,000만 원이든 5,000만 원이든 지불을 하게 되죠. 일단 신약이 만들어지면 그 신약에 대한 물질 특허를 취득할 수 있고 그렇게 되면 특허 기간 동안에는 독점권을 행사할 수가 있습니다. 이는 국내뿐 아니라 미국에서도 마찬가지입니다. 또 독점 기간 동안 독점권을 행사할 수 있다는 것은 가격을 정할 수 있다는 이야기고 가격을 정할 수 있다는 이야기는 이윤이 좋다는 뜻이기도 합니다. 부가가치가 높은 거죠. 그래서 바이오 섹터를 설명할 때 가장 중요한 것은 당연히 사람이 중요하겠지만 특허권도 중요합니다.

10년 전, 15년 전만 해도 국내에 바이오 산업에 투자하는 사람은 별로 없었습니다. 그렇지만 필연적으로 바이오 산업에 관심을 가질 수밖에 없는 이유가 있습니다. 아직까지 우리가 치료하지 못하는 질병이 너무 많기 때문이죠. 흔히 우리가 농담처럼 화제로 삼는 탈모도 아직 해결을 하지 못했고 또 중년 이상의 사람들이 가장 걱정하는 치매도 마찬가지입니다. 아직 탈모약도 치매약도 제대로 나온 게 없는 실정이죠. 자폐증도 마찬가지고요. 결론을 말씀드리면 바이오 섹터 자체가 위에서 이야기한 대로 특허에 기반한 독점권을 가진 고부가가치 산업이고 우리 인류가 해결해야 할 질병이 너무 많기 때문에 바이오 섹터에 사람들은 관심을 가질 수밖에 없는 것 같습니다.

국내 주요 바이오 기업 및 파이프라인 소개

업체명	설립연도	시가 총액 (2021년 5월 31일 기준)	주요 파이프라인
셀트리온헬스케어	1999년	18조 7,539억 원	바이오시밀러[인플릭시맙(램시마), 리툭시맙(트룩시마), 트라스투주맙(허쥬마) 등]
SK바이오팜 (코스피 상장사)	2011년	8조 8,886억 원	세노바메이트(뇌전증), 솔리암페톨(수면장애), 카리스바메이트(레녹스-가스토 증후군)
에이치엘비	1985년	3조 6,489억 원	리보세라닙(위암, 대장암, 간암, 고형암 등)
알테오젠	2008년	3조 751억 원	- ALT-P1(지속형 인성장 호르몬)-임상 2상 - ALT-P7(ADC 유방암 치료제)-임상 1상 - ALT-L9(아일리아 바이오시밀러)-임상 1상 - ALT-L2(허셉틴 바이오시밀러)-임상 2상
제넥신	1999년	2조 5,210억 원	- GX-I7(대장암, 유방암, 교모세포종, 피부암 등) - GX-188E(자궁경부암)
휴젤	2001년	2조 5,083억 원	- 보툴리눔 톡신, 히알루론산 필러, 바이오 코스메틱 등 의약품
메드팩토	2013년	1조 6,243억 원	- 백토서팁(TGF-β 수용체 1) 고형암-임상 2상 - 백토서팁(TGF-β 수용체 1) 혈액암-임상 2상 - MA-B2(BAG2) 고형암-전임상 - MU-D201(DRAK2) DLBCL-전임상
에스티팜	2008년	2조 1,249억 원	- 원료 의약품(RNA 등)
박셀바이오	2010년	1조 5,071억 원	- Vax-NK(간암 세포 치료제) - Vax-DC(다발 골수종 치료제)

국내 진단 기기 기업 소개

업체명	설립연도	시가 총액	주요 제품
씨젠	2000년	3조 5,357억 원	분자 진단 관련 제품(호흡기, 성감염, 인유두종 등)
랩지노믹스	2002년	2,754억 원	체외 진단, 분자 진단 관련 제품 등
수젠텍	2011년		체외 진단, 면역 진단 관련 제품 등
피씨엘	2008년		면역 진단, 체외 진단 관련 제품 등

한국은 이제 반도체보다 바이오시밀러 강국?

Bio

바이오시밀러란
무엇인가?

최초로 개발된 오리지널 의약품과 주성분, 제형, 품질, 사용 목
적 등이 동일하기 때문에 흔히 복제약이라고 불리는 제네릭 의약품
이 무엇인가부터 먼저 설명드리겠습니다. 우리가 저분자 화합물 혹
은 합성 의약품이라고 표현하는 일반적인 약에는 대표적으로 타이
레놀, 아스피린 등 수많은 제품이 있습니다. 사실 아스피린은 1897년
개발된 인류 최초의 합성 의약품이고 타이레놀은 1953년 처음 상품
화가 되었으니 만들어진 지 무척이나 오래된 제품입니다. 흔히 해열
진통제를 타이레놀이라고 부르지만 사실 타이레놀은 상품명이고 성
분명은 아세트아미노펜입니다. 아세트아미노펜은 타이레놀의 제조

사인 존슨앤드존슨만 만드는 것이 아닙니다. 웬만한 제약사는 다 만들죠. 왜냐하면 아세트아미노펜이라는 저분자 화합물의 성분은 똑같이 만들 수 있으니까요. 한국에서도 만들 수 있고 미국에서도 만들 수 있습니다. 특허 기간만 끝나면 전 세계가 똑같이 만들 수 있는 거죠. 그렇게 합성 의약품의 복제인 제네릭 의약품은 어느 정도의 화학적 능력만 있으면 누구나 만들 수 있고 가격도 더 쌀 수밖에 없습니다. 그렇기 때문에 많이 사용하기도 하죠. 국내 전문 의약품 사용량의 약 50%를 제네릭 의약품이 차지할 정도이니까요.

그런데 바이오 의약품의 복제약은 제네릭이나 바이오세임(BIO-SAME) 등의 표현을 하지 않고 바이오시밀러(BIO-Similar)라고 합니다. 시밀러라는 건 유사하다는 뜻입니다. A라는 오리지널 바이오 약이 있고 이 약과 효능이 비슷한 것이 만들어졌는데도 왜 바이오시밀러라고 할까요? 바이오 의약품은 미생물, 식물, 동물 세포와 같이 살아 있는 세포에서 제조됩니다. 물론 인간이 조작한 세포이기는 합니다만 세포가 항체를 만들어내는 거죠. 그게 바이오 의약품입니다. 하지만 바이오 의약품은 합성 의약품과 달리 구조를 파악하기가 쉽지 않습니다. 분자 하나가 곧 약물인 합성 의약품과는 다르게 바이오 의약품은 분자들의 집합체인 경우가 많기 때문입니다. 그리고 당연한 말이지만 오리지널 바이오 의약품을 만든 제약사에서 복제품을 만들려는 회사에게 약의 원형이 되는 세포를 주지 않습니다. 그렇기 때문에 그 세포와 거의 동일한 기능을 하는 세포를 가지고 만들 수밖에 없고 그렇기 때문에 비슷하지만 똑같다고는 할 수 없는 제품이 나오는 겁니다. 그래서 바이오시밀러라는 이름이 붙게 된 것입니다. 똑같지 않기 때문이죠.

참고로 최초의 바이오 의약품은 백신입니다. 우리가 아는 루이 파스퇴르가 최초로 현대적인 백신을 만들어냈죠. 그 뒤 1970년대 유전 혁명 이후 급속도로 발달해 현재에 이르고 있습니다. 바이오 의약품은 종류도 다양합니다. 생물학적 제제인 백신부터 유전자를 재조합해 만드는 유전자 재조합 의약품, 살아 있는 세포를 배양해 투입하는 세포 치료제, 인체에 직접 유전 물질을 주입하는 유전자 치료제 등이 있습니다.

바이오 의약품은 합성 의약품보다 입자의 크기도 500배 이상 크고 구조도 복잡합니다. 그만큼 개발도 어렵지만 합성 의약품과 달리 딱 들어맞는 곳에서만 결합하기 때문에 부작용이 적습니다. 그리고 유전자, 단백질 등 생체 내에서 사용하는 물질을 활용하기 때문에 치료가 힘들었던 희귀 난치성 질환에 효과가 뛰어납니다. 특히 항체 의약품의 중요성은 코로나19의 유행으로 더욱 커지고 있습니다. 미국 FDA(식품의약국)가 코로나19 치료제로 긴급 사용 승인한 일라이 릴리의 LY-CoV555와 리제네론의 REGN-COV2도 항체 치료제이며 국내 기업인 셀트리온 역시 항체 치료제인 렉키로나주의 긴급 승인을 받았습니다.

하지만 문제는 가격입니다. 기술 수준이 높고 설비 비용도 많이 들기 때문에 바이오 의약품은 가격이 비쌉니다. 그렇기 때문에 전 세계 글로벌 제약사가 바이오 의약품 개발에 나서기도 하는 거지만 그렇기 때문에 바이오시밀러가 필요한 것이기도 합니다. 바이오시밀러의 최대 강점은 고가의 오리지널 바이오 의약품의 50~70% 정도의 가격으로 처방받을 수 있기 때문에 환자뿐 아니라 정부의 건강 보험 재정에도 도움이 된다는 점입니다. 치료 효과는 높지만 가격이 비싼 바이오 의약품을 대신해 더 많은 환자가 사용할 수 있으니까요. 연 매출 1조 원이 넘는 블록버스터급 바이오 의약품의 특허가 만료되는 시점을 포착해 바이오시밀러를 빨리 제조할 수 있다면 신약이 독점했던 시장 일부를 기업으로서는 차지할 수 있는 거죠. 당연히 이제는 바이오시밀러 시장도 다수의 업체가 진출하면서 경쟁이 치열해지고 있습니다. 오리지널 약을 생산했던 업체도 단가를 낮춰 시장에 진입하려는 바이오시밀러를 고사시키려고도 하고요. 오리지널 약을 생산했던 제조사들은 단가를 낮추는 것 외에도 다양한 특허를 장벽처럼 이용하고 있으며 때로는 법적 소송까지 불사하는 경우도 있습니다.

삼성바이오에피스가 2019년 1월 미국 FDA로부터 바이오시밀러 유방암 치료제인 온트루잔트를 판매 허가 받고도 출시하는 데 1년 이상 걸린 것은 원개발 업체인 제넨텍과 벌인 10여 건의 특허 소송 때문이었습니다. 치료제의 물질 특허는 끝났지만 치료 및 제조 방법 등에 관한 특허를 이유로 소송을 제기하면서 진출이 지연된 것이죠. 양사는 2019년 7월에서야 합의를 통해 법적 갈등을 마무리할 수 있었습니다. 그런 까닭에 바이오시밀러는 이미 시장 포화 상태가 아니냐는 말도 나오고 있습니다. 이런 이유로 셀트리온과 삼성바이오에피스 등 국내 바이오시밀러 제조 업체는 신약 개발에도 관심을 가지기 시작했습니다. 셀트리온이 코로나19 퇴치를 위한 항체 치료제를 개발하는 것도 그 이유 때문입니다. 글로벌 제약사들이 신약 개발을 먼저 한 뒤 최근 바이오시밀러 쪽으로 영역을 넓히는 것과는 반대로 시간과 비용이 많이 드는 신약 개발보다 먼저 바이오시밀러를 성공시켜 밑천을 마련한 뒤 신약 사업에 뛰어드는 전략인 것이죠.

각국의 제네릭 의약품에 대한 허가 및 사후 관리 과정

	제네릭 의약품 허가	제네릭 의약품 허가 후 변경	제네릭 의약품 사후관리

	· 동등성 기준
	-생물학적 동등성
	-비교 용출
	· 품질 제출 자료
	-기시법/제조 방법
	-밸리데이션/안정성
		· 변경 사유 및 변경 수준
		-원료 약품 분량 변경
		-제조소/제조 규모 변경
		-제조 장비/공정 변경
		· 변경시 제출 자료
		-기시법/제조 방법
		-밸리데이션/안정성
			· 시판 중 제네릭 의약품
			-품목 허가 갱신
			· 품질 지속적 개선
			-QbD(Quality by Design)
			-QRM(Quality Risk
			  Management)
			-PQS(Pharmaceutical
			  Quality System)

미국 유럽	품질 제출 자료에 신약과 제네릭 규제 차이 없음	-경미한 변경도 비교 용출 자료 제출 -안정성 시험 자료 사전 검토 후 변경 승인	선진적인 GMP 실사를 통한 지속적인 품질 개선 유도
한국	안정성 시험 자료 자료의 완화된 제출 요건	의약품 동등성 및 안정성 시험 자료 검토 미약	품질 관리 향상 기반 미약, GMP Inspection 시스템 및 운영 역량 미흡

많은 의료 선진국 중에 어떻게 한국이 바이오시밀러 강국이 되었을까?

이는 대한민국의 공장 자동화 역사랑 비슷하다 할 수 있습니다. 우리는 반도체 공장을 많이 만들어본 경험이 있습니다. 조선 공장도 많이 만들었고 아파트도 많이 만들었죠. 그렇게 경험이 쌓이면서 자동화 기술을 접목해 굉장히 빠른 속도로 공장을 건설할 수 있게 된 겁니다. 가끔 미국이나 유럽 등지를 가보면 전혀 그렇지가 않습니다. 물론 오랜 시간을 들여야 하는 경우도 있겠지만 한국은 빠른 속도로 지을 수 있는 인력과 노하우, 경험이 있는 거죠. 게다가 공장 완성 이후에도 매뉴얼대로 제조할 수 있는 숙련된 인력이 풍부합니다. 그런 까닭에 자연스럽게 바이오시밀러 강국이 된 것입니다. 예를 들어 똑같은 공장을 동남아 같은 곳에다 짓는다면 물론 땅값은 싸겠지만 공장 만드는 데 걸리는 시간도 많이 걸릴 테고 인력도 거기에 적응하는 데 오랜 시간이 걸립니다. 운동화 같은 공산품이야 실밥이 좀 풀려 있거나 해도 신을 수 있습니다만 의약품은 그럴 수가 없죠. 의약품같이 고부가가치 상품을 만드는 데 최적화되어 있는 나라가 한국인 겁니다.

셀트리온이 개발한 세계 최초의 항체 바이오시밀러 의약품 램시마는 국내 단일 의약품 가운데 최초로 글로벌 시장에서 연간 처방액 1조 원을 돌파했습니다. 이처럼 바이오시밀러의 잠재력은 무궁무진합니다. 바이오시밀러가 모방하는 오리지널 치료제 대부분은 연간 매출액 1조 원이 넘는 제품으로 바이오시밀러가 시장의 일부만 확보해도 큰 수익을 얻을 수 있기 때문이죠. 또한 각국이 재정 형편상 가능하면 의료비의 부담을 줄이려고 하는 만큼 국가 정책적으로도 바이오시밀러를 선호하는 분위기입니다. 의료 정보 분석 기관인 프로스트 앤드 설리번에 따르면 전 세계 바이오시밀러 시장 규모는 2017년부터 2023년까지 연평균 30.6%씩 성장할 것이고 2023년에는 481억 달러에 이를 전망이라고 합니다.

결론적으로 바이오시밀러는 우리나라가 바이오 의약품 분야에서 최상위권을 다투는 분야입니다. 국내 시가 총액 최상위에 속하는 셀트리온은 바이오시밀러 분야의 선구자라고 할 수 있습니다. 앞에서도 언급했지만 셀트리온은 램시마로 2013년 EMA(유럽 의약품청), 2016년 미국 FDA의 승인을 받아 전 세계적으로 상업화에 나섰습니다. 램시마 이외에도 혈액암 치료제인 트룩시마와 유방암 치료제인 허쥬마 등을 미국과 유럽 시장에 내놓았죠. 현재 셀트리온이 임상 중인 바이오시밀러는 5종에 달한다고 합니다.

삼성바이오에피스를 대표하는 바이오시밀러로는 자가 면역 질환제인 베니팔리가 있습니다. 베니팔리는 2016년 1분기 유럽 시장에 출시된 지 4년 만에 유럽의 주요 5개국에서 시장 점유율 1위를 차지했습니다. 베니팔리 외에도 삼성바이오에피스는 유럽에 5개의 바이오시밀러 제품을 판매하고 있으며 미국에도 2개의 바이오시밀러 제품을 판매하고 있고 그 외 다수의 바이오시밀러 제품 개발 및 판매 허가를 준비 중입니다.

LG화학의 바이오시밀러 사업은 특이하게 일본 시장에 집중되어 있습니다. 2012년부터 일본의 제약사 모치다와 자가 면역 질환제 유셉트의 공동 임상을 진행하였으며 2018년 한국과 일본에서 출시했습니다. LG화학 측은 미국이나 유럽보다 성장 잠재력이 높은 일본의 바이오시밀러 시장을 공략하기로 한 듯하며 유셉트의 시장 점유율도 높아지고 있는 것으로 알려져 있습니다.

또 GC녹십자는 바이오시밀러를 직접 생산하지 않고 인도의 제약사 바이오콘이 만든 바이오시밀러 당뇨병 치료제 글라지아를 수입해 2018년부터 판매하고 있습니다.

제네릭, 바이오시밀러, 바이오 신약의 차이

구분	제네릭	바이오시밀러	바이오 신약
생산 공정			
프로세스	기존 공정 이용	높은 비용을 요구하는 특별한 생산 시설 필요	높은 비용을 요구하는 특별한 생산 시설 필요
민감도	환경 변화에 민감하지 않음	생산 환경 변화에 매우 민감	생산 환경 변화에 매우 민감
재현성	쉬움	어려움	어려움
임상 시험			
임상 범위	일부 범위 : 임상 1상까지	임상 2상 생략	임상 1에서 3까지
개발 기간	3~4년	6~10년	6~15년
개발 비용	5백만 달러	1~2억 달러	3.5~8억 달러
피험자 참가	20~100명	100~500명	1,000명 이상

바이오시밀러와 바이오베터의 차이는 무엇인가?

앞에서 복제약이라는 개념으로 설명한 바이오시밀러와는 달리 한 단계 더 개선한 것이라는 개념의 바이오베터라는 것이 있습니다. 오리지널 바이오 의약품을 기반으로 효능이나 안전성, 편의성 등을 개량한 것입니다. 기존의 제품보다 더 낫다는 의미로 바이오베터라고 하는 것이죠.

그로 인해 바이오베터는 신약에 맞먹는 부가가치를 창출할 수 있으므로 국내 제약사들도 개발에 뛰어들고 있습니다.

바이오시밀러는 오리지널 제품과 효능이 같기 때문에 약값도 낮지만 바이오베터는 오리지널 제품보다 가격이 2~3배 비싼 것이 보통입니다. 뿐만 아니라 바이오시밀러는 오리지널 제품의 특허가 만료되어야 시장에 나올 수 있는 반면 바이오베터는 특허 문제에서 자유롭습니다. 새로운 기술이 적용됐기 때문에 독자적 특허가 인정될뿐더러 오리지널 의약품의 특허가 만료되기 전이라도 시장에 출시될 수가 있죠. 아직까지 바이오베터 시장에 강력한 선두 주자가 없어 시장 선점에 유리하게 작용될 수 있다는 기대도 있고요. 실제로 바이오베터는 2002년 암젠이 출시한 호중구 감소증 치료제 뉴라스타 이후 현재 10여 종에 불과합니다.

상황이 이렇다 보니 글로벌 제약사는 이미 바이오베터 개발에 힘을 쏟고 있습니다. 바이오베터 시장을 선점 중인 암젠은 앞에서 언급한 뉴라스타 외에도 빈혈 치료제 아라네스프의 판매도 미국 FDA로부터 허가를 받았습니다. 또 노보 노디스크는 편의성과 효과를 개선한 인슐린 치료제를 개발 중이며 MSD는 자궁 경부암 백신을 로슈는 항암제 및 류머티스 관절염 치료제 등을 개발 중입니다.

❖ 바이오베터와 바이오시밀러의 차이

바이오베터	VS	바이오시밀러
기존 바이오 의약품의 제형 개선, 투여 횟수 축소, 효과 개선	정의	기존 바이오 의약품과 생물학적으로 동등한 복제약
인정	특허	없음
오리지널 의약품의 특허와는 상관없이 가능	시장 출시	오리지널 특허 만료 후
오리지널 의약품 2~3배	가격	오리지널 의약품의 70%

국내 제약업계 역시 마찬가지입니다. 국내 제약사 역시 시장 가치가 높은 바이오베터를 개발하기 위해 적극 나서고 있습니다. 가장 먼저 완성품을 내놓은 회사는 셀트리온입니다. 셀트리온은 바이오시밀러인 자가 면역 질환 치료제 램시마를 개량해 램시마SC를 출시했습니다. 정맥에 주사해야 했던 램시마를 피부에 직접 놓는 주사 형태로 바꿔 환자가 주사를 놓을 수 있게 개량한 것이죠. 셀트리온 외

셀트리온의 바이오시밀러 유플라이마

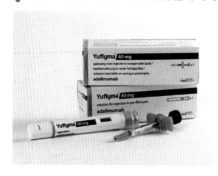

에도 한미약품에서는 약물 지속 기간을 늘려 투약 횟수를 줄이는 기술을 적용해 총 10여 종의 바이오베터를 개발하고 있고, 일동제약은 편의성을 높인 노인성 황반 변성 치료제를 개발하고 있습니다. 또 한독과 제넥신은 공동으로 지속형 성장 호르몬을 개발하고 있죠. 이 제품은 매일 투여해야 하는 기존 제품을 개량해 1~2주에 1회만 맞도록 개발 중인 신약입니다.

이처럼 한국의 바이오 제약사들도 글로벌 제약사와 어깨를 나란히 하고 경쟁을 하는 중입니다.

⁘ 블록버스터급 오리지널 바이오 의약품의 특허 만료 시기

의약품명	제약사명	특허 만료 시기	
		유럽	미국
휴미라	애브비, 에자이	2018년	2022년
엔브렐	암젠, 화이자, 다케다	2015년	2028년
아일리아	리제네론, 바이엘	2025년	2023년
리툭산	로슈	2013년	2018년
레미케이드	머크, 존슨앤드존슨	2015년	2018년
허셉틴	로슈	2014년	2019년
아바스틴	로슈	2022년	2019년
란투스	사노피	2015년	2015년
뉴라스타	암젠	2017년	2015년

제2장 한국은 이제 반도체보다 바이오시밀러 강국?

제3장

위탁 생산(CMO),
수탁 개발(CDO),
신약 개발은 무엇인가?

삼성바이오로직스가 론자를 꺾고 세계 1위를 차지한 분야는?

많이들 알고 계시리라 생각합니다만 삼성바이오로직스는 2019년 스위스의 글로벌 제약사 론자를 상대로 청구한 세포주 관련 기술 특허 무효 심판에서 승리했습니다. 이는 2017년 론자를 상대로 항체 생산을 위한 유전자를 세포주 안으로 옮기는 DNA 벡터에 관한 특허 무효 심판을 청구한 지 2년 만의 일이었습니다. 세포주는 대량 증식을 원하는 항체 의약품을 만들어주는 세포를 뜻합니다. 삼성바이오로직스가 론자에 소송을 제기한 특허는 세포주 증식을 돕는 일부 단백질에 관한 것이었죠. 삼성바이오로직스가 이러한 소송을 제기한 것은 바이오 의약품 위탁 생산(CMO)에서 의약품 수탁 개발(CDO)로 사업을 확대하기 위해서였습니다. CDO는 실험실 단계에서 개발된 항체 의약품을 대량 생산할 수 있도록 세포주와 생산 공정을 개발해주는 사업이죠. 이후 삼성바이오로직스는 36만 4,000리터의 생산 능력을 앞세워 글로벌 제약사 등 의약품 위탁 개발 및 생산(CDMO) 서비스를 원스톱으로 제공할 수 있다는 전략을 앞세워 글로벌 시장에서의 강자 입지를 굳혀 가고 있습니다.

글로벌 바이오 의약품 CMO 시장이 성장할 것이라는 전망에 따라 각 기업은 생산 능력 확대를 목표로 삼고 있습니다. 삼성바이오로직스 외에 론자, 베링거인겔하임, 셀트리온 등은 향후 100만 리터까지 생산 능력을 확대하는 것을 목표로 삼고 있는 것으로 알려져 있습니다. 시장 조사 기업 프로스트 앤드 설리번에 따르면 글로벌 바이오 의약품 CMO 시장은 2019년 93억 달러에서 2021년 120억 달러, 2025년 240억 달러까지 성장할 것으로 전망됩니다. 또한 바이오시밀러 시장의 확대도 삼성바이오로직스에게는 호재로 작용하고 있습니다. 글로벌 제약사 등은 제품 생산을 위해 시설을 추가로 구축하지 않고 전문 CMO 기업에 위탁하는 방법을 많이 활용하고 있기 때문이죠.

특히 삼성바이오로직스는 동물 세포를 이용한 항체 치료제 생산을 위한 맞춤형 설비를 갖추고 생산 설비 제공뿐 아니라 주요 규제

기관으로부터 제조 승인을 취득하는 서비스와 신약 물질의 상업 생산용 공정 개발 솔루션까지 제공하고 있습니다. 바이오시밀러 개발과 상업화를 수행하는 삼성바이오에피스 또한 삼성바이오로직스의 자회사죠. 삼성바이오로직스는 2012년 연간 바이오 의약품 3만 리터를 생산할 수 있는 제1공장을 세웠고 2015년 15만 리터 규모의 제2공장을 세웠습니다. 이어서 2018년에는 18만 리터 규모의 제3공장이 가동되면서 생산 설비 기준 세계 1위 CMO 사업자 자리에 올랐습니다. 2020년에는 창사 9년 만에 처음으로 매출액 1조 원을 돌파했으며 모더나의 코로나19 백신 생산을 위탁받는 계약까지 체결했습니다.

이렇게 삼성바이오로직스는 업계 후발 주자라는 약점을 딛고 생산 능력과 기술력 측면에서 세계 최고 수준의 경쟁력을 인정받고 있습니다. 바이오 의약품 CMO 사업은 의약품 제조 과정에 필수적인 품질 관리 역량을 기반으로 제조 원가 경쟁력, 적시 생산 및 공급이 가능한 속도 경쟁력, 안정된 수주 역량이 필수입니다. 이 때문에 소수의 대형 CMO 기업이 글로벌 시장을 주도하는 상황이죠. 삼성바이오로직스는 앞에서 언급한 총 36만 4,000리터의 생산 능력을 확보해 규모의 경제를 통한 원가 경쟁력 확보가 용이해졌으며 현재 단일 공장 기준 세계 최대 시설인 25만 6,000리터 규모의 제4공장을 2022년 말 부분 가동을 목표로 건설 중이기도 합니다.

이러한 삼성바이오로직스의 설비 생산 능력은 2020년 기준 전 세계 생산 능력의 25%에 해당합니다. 경쟁사인 스위스 론자는 2020년 기준 25만 리터를 보유하고 있으며 독일의 베링거인겔하임은 29만 리터를 갖추고 있습니다.

앞에서도 언급했지만 삼성바이오로직스는 기존 CMO 사업 중심에서 CDO로 사업의 영역을 확장하고 있습니다. 자체 세포주 및 공정 개발 역량이 없는 중소 제약사 등을 상대로 세포주 공정 및 제형 개발 서비스를 제공하는 위탁 개발 서비스죠. 이 사업은 소규모 바이오 기업이 증가하고 바이오시밀러 항체 파이프라인이 증가하면서 연 10% 이상의 높은 성장률이 기대되고 있습니다.

삼성바이오로직스 외관

한미약품이
강세를 보이는 개량 신약은?

　한미약품의 고혈압 치료제인 아모잘탄 패밀리가 2020년 연 매출 1,000억 원을 돌파했습니다. 이는 국산 의약품으로는 최초의 기록입니다. 2009년 출시된 아모잘탄은 CCBG계열의 암로디핀과 ARB계열 로잘탄을 복합한 세계 최초 복합 신약입니다. 국내에서 '개량 신약'으로 허가를 받은 첫 제품이기도 하며 지금의 한미약품이 개량 신약을 대표하는 기업으로 성장하게 만들어준 주춧돌이라고 할 수 있습니다. 개량 신약은 오리지널 약품과 성분 및 약효가 비슷하지만 효과를 높이기 위해 필요한 물성을 변경하거나 제형 등을 바꾼 것을 말합니다. 두 가지 이상의 성분을 섞어 만든 복합제가 대표적인 개량 신약이죠. 앞에서 이야기한 아모잘탄 패밀리는 아모잘탄을 비롯해 아모잘탄플러스, 아모잘탄큐, 아모잘탄엑스큐 등을 모두 포함한 것을 말합니다.

　한미약품은 선도적인 개량 신약 기술력을 통해 꾸준한 매출 성장을 이어가는 것으로 보입니다. 많은 제약사들이 외형 확대를 위해 도입 신약 마케팅에 나서는 것과 달리 한미약품은 꾸준히 자체 제품 비중을 늘려왔으며 이는 개량 신약으로 확보한 경쟁력 덕분이라 할 수 있습니다.

한미약품의 개량 신약 개발 역사는 1990년대 후반으로 거슬러 올라갑니다. 한미약품의 현 대표이사인 우종수 사장이 주도해 개발한 마이크로에멀전(약물 흡수율을 획기적으로 높인 제제 기술)이 스위스 노바티스사에 기술 이전된 것입니다. 6,800만 달러 규모의 기술 수출 금액은 당시 기준으로는 국내 최대였고 로열티는 20년간 지급되어 총 1,000억 원대의 수익을 한미약품에게 안겨줬습니다. 이후 한미약품은 국내 제약업계에 개량 신약이라는 화두를 제시하며 개량 및 복합 신약의 명가로서 위상을 다져왔습니다. 실제로 한미약품은 2000년대 초 수입 고혈압 치료제인 노바스크의 개량 신약인 아모디판을 출시해 제약업계 최상위권 업체로 발돋움했습니다. 또 한미약품이 자체 개발한 역류성 식도염 치료제 개량 신약 에소메졸은 글로벌 제약사인 아스트라제네카와의 특허 소송 등을 극복하고 국내 개량 신약 최초로 미국 FDA 허가를 받기도 했습니다.

한미약품의 잇따른 성공으로 국내 제약업계도 개량 신약 분야에 앞다투어 뛰어들어들 무렵 한미약품은 두 가지 치료 성분을 하나로 합친 복합 신약을 내놓으며 새로운 도약을 발판을 마련합니다. 한미약품이 2009년에 출시한 고혈압 치료제 아모잘탄이 대표적으로 아모잘탄은 현재 연 1,000억 원대의 매출을 기록하는 한미약품의 대표 제품으로 자리매김했습니다. 특히 아모잘탄은 미국의 머크(MSD)가 도입해 전 세계 50여 개 국가에 수출을 진행하고 있으며 이는 글로벌 제약사에서 한국 제약 업체가 개발한 의약품을 역수입한 첫 번째 사례로 알려져 있습니다.

한미약품은 이후에도 사노피-아벤티스와 공동으로 개발한 고혈압 고지혈증 복합제 로벨리토와 고지혈증 치료 복합 신약 로수젯 등을 통해 복합 신약의 선두 주자로 나섰습니다. 로수젯 역시 미국의 머크가 역수입해 현재 20여 개국에 수출을 준비하고 있습니다. 이 외에도 한미약품은 소염 진통제의 위장 관계 부작용을 해결한 낙소졸, 약효를 극대화하는 서방형 제제 기술이 적용된 해열 진통제 맥시부펜이알정, 오리지널 의약품의 안정성을 높인 신규염 항혈전 치료제 피도글정 등을 잇달아 출시하며 개량 신약 시장을 주도하고 있습니다. 이처럼 개량 및 복합 신약의 개발이 가능하게 된 것은 한미약품의 차별화된 제품 라인을 구축해야 된다는 전략적 판단 덕분으로 복합 신약 개발을 위해 국내 처음으로 폴리캡 기술을 도입하는 등 선진 제제 기술의 상용화에 매진했습니다. 폴리캡은 하나의 캡슐에 2종 이상의 주성분을 서로 다른 분리된 제형으로 충전하는 최신 제제 기술로 각각 두 성분이 방출 패턴을 그대로 유지하면서도 약물간 상호 작용을 최소화할 수 있는 기술입니다. 한미약품은 개량 및 복합 신약을 통해 창출한 캐시 카우를 혁신 신약 개발에 다시 투자를 진행 중이라고 하면서 신약 개발이 곧 신뢰 경영이라는 회사의 비전을 실천할 것이라고 합니다. 제네릭에서 개량 신약, 복합 신약, 혁신 신약 단계로 이어지는 한미약품의 전략이 앞으로 어떻게 실현될지 많이 궁금합니다.

아모잘탄은 세계화에 성공할 수 있을까?

❖ 아모잘탄 패밀리 라인업

흔히 국내 1호 개량 신약으로 2009년 한미약품에서 나온 아모잘탄을 꼽습니다. 개량 신약은 일반 복제약과 다르게 오리지널 제품을 개량해 보다 복용하기 쉽게 만들거나 효능 등을 개선한 작품입니다. 그런 만큼 개량 신약은 오리지널 의약품과도 차별화할 수 있는 장점이 있습니다.

고혈압 복합제 아모잘탄이 성장할 수 있었던 배경으로는 우리나라 환자를 대상으로 하는 끊임없는 임상 연구 덕분입니다. 여러 국제 학술지에 등재되며 안정성과 유효성에 대해 인정받은 바 있죠. 이와 같은 임상 실험과 더불어 지속적인 연구 개발에 아낌없는 투자 또

한 있었습니다. 7년간 160억 원의 연구 개발 비용과 장비 투자비 60억, 제제 기술비 10억을 투자하여 약제 크기를 약 20% 줄이고 낱알 식별 코드 레이저 인쇄로 오투약을 방지할 수 있었던 겁니다. 덕분에 아모잘탄은 지난 10년 동안 가장 많이 처방된 국내 개발 의약품이기도 합니다. 특히 아모잘탄 패밀리는 4개 제품, 18가지 다른 용량으로 출시돼 맞춤 처방이 가능합니다. 이는 여러 성분을 한 번에 복용하는 복합제의 복약 편리성을 유지하면서 용량은 필요한 만큼 조절할 수 있다는 의미이기도 합니다.

아모잘탄은 국내 및 45개 국가에 특허를 출원했습니다. 이 중 20여 개국에서는 특허를 획득하기도 했고요. 그리고 미국 머크(MSD)와 수출 계약을 통해 50여 개국에 수출도 진행 중입니다.

그리고 최근 세계 최초로 고혈압, 이상 지혈증 치료 성분 4가지를 한 알에 담아낸 4제 복합 신약 아모잘탄 엑스큐까지 출시되었습니다.

아모잘탄엑스큐는 고혈압 치료 성분인 암로디핀과 로사르탄, 이상 지혈증 치료 성분인 로수바스타틴과 에제티미브 성분을 한 알에 담아낸 의약품으로 안전성 개선 특허와 용출 속도 최적화 등 한미약품의 독자적이고 창의 적인 제제 기술이 함축되어 있다는 평가를 받고 있습니다. 이로써 한미약품은 아모잘탄, 아모잘탄플러스, 아모잘

탄 큐 등 기존의 3개 제품군으로 이루어진 아모잘탄 패밀리에 아모
잘탄엑스큐까지 더해 총 4개 제품 19가지 용량의 라인업을 완성하게
되었고 고혈압과 이상 지혈증 치료에 최적화된 옵션을 갖추게 되었
습니다. 한미약품 관계자에 따르면 고혈압 환자의 53.8%가 이상 지
혈증을 동반하고 있어 여러 가지 약을 복용해야 하는 불편이 있고
고령층 환자의 복약 순응도도 좋지 않아 여러 성분이 조합된 복합제
개발이 필요한 상황이었다면서 이번 아모잘탄엑스큐의 출시로 의료
진과 환자의 편의성을 높일 수 있게 되었다고 밝혔습니다.

한미약품의 기술 이전 현황(단위: 백만 달러)

후보 물질	계약 시기/ 파트너사	계약 규모/ 계약금/마일스톤	현재 단계
HM71224	2015년 3월 19일/ 일라이 릴리	690/50/640	2019년 1월 23일 기술 반환
올무티닙	2015년 7월 28일/ 베링거잉겔하임	730/50/680	2016년 9월 30일 기술 반환
LAPS-Diabetes	2015년 11월 5일/ 사노피	3,076/215/2,861	
LAPS-GLP1 (에페글레나타이드)			- 2017년 11월 당뇨병 환자 대 상 임상 3상 시작, 임상 3상 개발비 일부 부담 - 2019년 12월 10일 에페그 렐나타이드 판매사 변경 - 2020년 5월 14일 사노피 기술 반환 의향 통보

LAPS-Insulin115			2016년 12월 29일 기술 반환
LAPS-combo			2016년 12월 29일 우선 인수권으로 기술 계약 내용 변경
LAPS-GLP1/GCG	2015년 11월 6일/얀센	915/105/810	2019년 7월 3일 기술 반환
벨바라페닙	2016년 9월 28일/제넨텍	910/80/830	국내 임상 1상 진행 중. 코델릭과의 병용 투여 임상 1상 진행 중
LAPS-GLP1/GCG	2020년 8월 4일/MSD	870/10/860	NASH 치료제로 개발 예정

약물 재창출이
제약사의 수익 재창출로
이어진다고?

Bio

말라리아 치료제를
코로나19 치료제로 과연 쓸 수 있을까?

이미 다른 질병의 치료에 쓰이고 있거나 개발 중인 약물의 용도를 바꿔 새로운 치료제로의 가능성을 타진하는 전략을 약물 재창출이라고 합니다. 성공하면 신약 개발에 드는 비용과 기간을 크게 줄일 수 있죠. 가장 유명한 사례로는 말라리아 치료제인 하이드록시클로로퀸이나 에볼라 치료제로 개발된 렘데시비르에서 코로나19 치료 효과를 찾는 것이 대표적이라 할 수 있습니다. 국내에서도 신풍제약이 2021년 상반기 현재 약물 재창출 방식으로 말라리아 치료제인 피라맥스가 코로나19 치료제로 유효한지 연구를 진행 중입니다. 관계자에 따르면 코로나 치료 효과에 대한 유효성이 입증되면 보건 당국과 곧바로 협의를 진행할 계획이라고 합니다.

부광약품의 항바이러스제 레보비르

부광약품도 B형 간염용 항바이러스제 레보비르로 코로나19 증등증 환자를 대상으로 하는 임상 2상을 완료했고 데이터를 취합 중인 것으로 알려졌습니다. 부광약품 관계자에 따르면 임상 데이터가 도출되는 대로 관련 학회 세미나에서 발표하거나 논문을 공개할 것이라면서 기대대로 좋은 치료 효과를 보인다면 조건부 승인이나 긴급 사용 승인 신청을 고려한다고 합니다.

이러한 상황을 업계에서는 약물 재창출용 약물은 이미 다른 질병에 쓰였던 만큼 안전성이 확보되었다고 볼수 있고 치료 효과만 입증되면 식약처 허가를 신속히 받을 수 있을 것으로 예상하고 있습니다.

반면 일각에서는 임상 실패에 따른 우려 섞인 시선도 존재합니다. 전문가에 따르면 코로나19 치료제의 경우 국내에서는 중증 및 고위험 환자에 대한 임상이 가능할 만큼 환자를 모집하기 어렵다면서 환자를 모집했다고 해도 치료제에 대한 임상 성공 데이터를 모으기까지 또 다른 어려움이 있다고 합니다. 이런 상황에서 국내 기업의 임상이 얼마나 성공적으로 진행되었는지는 의문이라는 거죠. 또 다른 관계자도 코로나19 치료제는 해외에서 임상을 진행하는 것이 데이터 확보에 유리할 것이라고 말합니다. 한편 현재 국내에서 코로나19 치료제를 개발하고 있는 기업으로는 엔지켐생명과학, GC녹십자웰빙, 크리스탈지노믹스, 제넥신, 동화약품, 이뮨메드 등이 있습니다.

하지만 최근 GC녹십자의 코로나19 혈장 치료제 지코비딕주가 식품의약처안전처 검증 자문단 회의에서 불허되면서 제약 업계의 분위기가 좋지만은 않습니다.

이는 종근당의 코로나19 치료제 나파벨탄이 허가 절차에서 고배를 마신 이후에 신약 개발 능력을 보유한 국내 상위권 제약사의 잇따른 실패라는 점에서 충격이 큰 것이죠. 물론 두 약물 간에 차이는 있습니다. 종근당의 나파벨탄은 췌장염 치료제로 쓰이던 의약품을 약물 재창출 연구를 통해 코로나19 치료제로 개발 가능성을 확인한 것이고 녹십자의 코로나19 치료제는 혈장 치료제로 국내에서 유일하게 임상에 들어갔으며 허가 전 치료 목적 사용 승인을 위해 의료 현장에서 사용되기도 했습니다.

물론 종근당은 예정했던 대로 코로나19 중증의 고위험군 환자 약 600명을 대상으로 하는 글로벌 임상 3상을 진행하기로 했지만 녹십자의 경우는 추후 임상 진행 여부에 대해 말을 아끼고 있는 입장입니다.

제4장 약물 재창출이 제약사의 수익 재창출로 이어진다고?

이처럼 현재 진행 중인 치료제 개발이 지연되면서 2호 치료제 허가는 예상보다 더 지연될 전망입니다. 업계 관계자에 따르면 코로나19 치료제 관련 임상을 진행할 수 있는 국내 환경이 제한된 상황에서 기대감만 높았던 것이 사실이라며 조급함보다는 신뢰를 바탕으로 치료제 개발이 이루어질 수 있도록 하는 분위기 조성이 필요하다고 주장하기도 했습니다.

약물 재창출 기업에 대한 투자의 주의점은?

약물 재창출은 영어로 Drug repositioning이라고 합니다. 원래 있던 약의 용도를 바꾸었다는 것이죠. 예를 들자면 원래 용도는 췌장염 치료제였는데 이 약을 코로나19 치료제로 바꾸고는 특허를 내는 겁니다. 이를 재창출이라고 표현하는 것이죠.

하지만 조금 고민스러운 부분이 있습니다. 제조하는 곳이 한국이나 미국이냐 하는 것도 그중 한 가지입니다. 한국에서는 약물 재창출에 성공해도 가격을 잘 쳐주지 않습니다. 이미 있는 약이었다는 거죠. 이미 있는 약에는 약가가 정해져 있는 만큼 건강 보험 심사 평가원에서 아무리 다른 용도로 효과가 뛰어나도 약값을 잘 쳐주지 않습니다. 제약사 입장에서 임상도 하고 돈이 많이 들어갔는데 말입니다. 물론 좋은 의미도 있습니다. 건강 보험 재정을 아낄 수 있으니까요. 하지만 제조 업체 입장에서는 힘든 거죠. 하지만 미국 같은 곳은 약가를 잘 쳐줍니다. 그러니 한국에서 제조하더라도 특허를 가지고 미국 같은 곳으로 수출하면 괜찮겠죠.

하지만 기존 의약품이나 물질 특허가 만료된 약물에 새로운 적응증을 추가하는 약물 재창출 방식의 코로나19 치료제들은 효력 입증에 난항을 겪고 있습니다. 앞에서도 언급했지만 시중에 판매되고 있는 의약품의 경우 당국의 시판 허가를 얻어 독성 등 안전성 자료를 확보했다는 장점이 있지만 실제 임상 시험을 거쳐 성과로 이어지기까지는 해결해야 할 과제가 많은 탓입니다. 크리스탈지노믹스의 경우 2021년 코로나19 치료제로 개발 중이던 만성 췌장염 및 역류성 식도염 치료제의 임상 2상을 허가받았지만 환자를 모집 못해 2021년 상반기인 현재까지 난항을 겪고 있습니다. 이렇듯 국내 임상이 어려워지자 크리스탈지노믹스는 자체 개발한 췌장암 치료 신약 물질로 미국 FDA의 임상을 추진할 예정이라고 합니다. 이른바 투트랙 전략인 것이죠.

크리스탈지노믹스 외에도 대웅제약도 코로나19 치료제 임상을 카모스타트라는 췌장암 치료 약물로 진행하고 있습니다. 대웅제약은 경구제인 호이스타정의 임상 2b ·3상을 국내외에서 병행하고 있는데 2021년 중에 그 결과를 확보할 수 있다고 합니다. 그러나 대웅제약 역시 2020년 12월 발표한 경증 및 중등증 환자 대상 2상 시험의 중간 평가에서 주평가 변수인 바이러스 음전까지 걸린 시간이 통계적으로 유의하지 않았다고 밝힌 바 있습니다. 회사 측은 바이러스가 제거되는 속도는 호이스타군이 위약군보다 더 빠른 경향을 보였다고 밝혔으나 통계적으로 유의미한 속도까지는 이르지 못한 것으로 보입니다.

이 외에도 일양약품은 임상 3상 단계에서 임상 중단을 발표했으며 한국유나이티드제약은 당국의 보완 사항 요청으로 임상 2상 진입이 지연되고 있습니다. 일양약품은 코로나19 치료제로 개발 중이던 백혈병 치료제 슈펙트의 임상 3상이 실패했다고 최근 발표했습니다. 러시아에서 진행한 슈펙트의 임상 3상 실험 결과 약물 투여군이 대조군 대비 우수한 효능을 발휘하지 못한 것입니다.

질병관리청에 따르면 현재까지 코로나19 치료제 개발 계획을 밝힌 기업은 약물 재창출 17개사, 신약 29개사 등 46개사에 이르지만 실제 품목 허가를 신청하거나 임상 3상 단계까지 진행한 기업은 두세 곳에 불과한 것으로 나타났습니다. 이 때문에 코로나19 치료제 개발을 선언했던 기업 다수가 주가를 띄우기 위한 것 아니었냐는 의심의 눈초리를 받고 있습니다. 일부 기업의 경우 해외 임상을 발표하기는 했지만 실제 임상에 착수했는지도 알 수 없어 깜깜이 임상이라는 용어까지 등장했습니다.

물론 코로나19 바이러스 확산세가 지속되는 상황에서 국내 기업들이 코로나19 치료제 개발에 성공한다면 굉장히 큰 호재가 될 것은 분명합니다. 하지만 대다수 기업이 국내 식약처에서 임상 승인을 받아 임상을 진행하는 단계이며 기존 약품이나 물질 특허가 만료된 약물을 신약 재창출 방식으로 개발한다는 점에서 좀 더 냉철하게 판단할 필요가 있습니다.

약물 재창출 방식으로 개발 중인 코로나19 치료제

기업명	단계	기존 적응증
동화약품	임상 2상	천식 치료제(천연물)
대웅제약	임상 2/3상	췌장염 및 역류성 식도염 치료제(카모스타트)
대웅제약	임상 1상	구충제(니클로사미드)
부광약품	임상 2상	B형 간염 치료제(레보비르)
신풍제약	임상 2상	말라리아 치료제(피라맥스)
종근당	임상 2상	항응고제 및 급성 췌장염 치료제(나파벨탄)
크리스탈지노믹스	임상 2상	만성 췌장염 및 역류성 식도염 치료제(카모스타트)
한국유나이티드제약	임상 1상	중증 폐렴 치료제(스테로이드제제)

제5장

이제 막 줄기가 자라기 시작한
줄기세포 치료?

Bio

난치병을 앓고 있는 환자에게
한 줄기 빛이 되고 있는 줄기세포 치료란?

　한국 국민들에게 줄기세포 치료라고 하면 가장 먼저 떠오르는 것은 황우석 전 교수님일 겁니다. 황우석 박사는 2004년 세계 최초로 인간의 배아줄기세포주를 수립했다는 논문이 국제적 학술지인 사이언스지에 실리며 세계적 주목을 받았습니다. 언론에 의해 노벨상 수상 가능성까지 점쳐지며 각광을 받았지만 2005년 MBC PD수첩의 보도로 논문이 조작되었다는 사실이 밝혀졌죠. 그 이전에도 의심의 목소리는 있었지만 해당 사건이 불거진 건 방송의 방영 이후였습니다. 간단히 말하면 황우석 박사가 줄기세포를 가지고 만병통치약을 만들 것처럼 온 나라가 열광을 하다가 허무할 정도로 갑자기 희망이

사라졌던 사건이었습니다. 그렇지만 바이오 산업에 한정해서 생각하면 어쩌면 황우석 박사에게 신세를 진 것이라고 말할 수도 있습니다. 당시 황우석 박사 덕분에 바이오 산업이 갑자기 각광을 받으면서 굉장히 많은 자금이 유입되었죠. 그 유입된 자금으로 어떤 분들은 신나게 노신 분도 있겠지만 굉장히 많은 분들이 그 자금으로 연구 개발을 할 수 있었습니다. 그 결과물들이 뒤에 나오게 되었고요. 그때의 연구 결과물이라고는 하기 어렵지만 최근에도 줄기세포가 난치성 질환에 대한 희망으로 많은 사회적인 관심을 받고 있습니다. 실제로 줄기세포를 이용한 치료는 이미 백혈병을 비롯한 혈액 질환에서 임상적으로 이용되고 있으며 신경과 영역에서는 뇌졸중과 다발성 경화증에서 치료가 시도된 바 있습니다. 이 외에도 척수 손상이나 여러 종류의 신경 퇴행성 질환에 대한 실험적 연구가 국내외에서 활발하게 이루어지고 있죠.

줄기세포는 배아줄기세포와 성체줄기세포로 크게 구분할 수 있습니다. 배아줄기세포는 난자와 정자가 수정된 지 14일이 되지 않은 배아에서 줄기세포를 채취하여 배양하며 이렇게 배양된 줄기세포는 이론적으로 간, 콩팥, 근육 등 각종 장기 구성 세포로 분화할 수 있는 잠재력이 있기 때문에 손상된 장기를 대체할 수 있는 세포 치료법으로 주목을 받고 있습니다. 특히 배아줄기세포는 체세포 이식 방법으로도 분리가 가능하기 때문에 우리 몸의 피부에서 세포를 떼어내 세포의 유전자 정보를 가진 핵을 분리하고 공여된 난자의 핵을 제거한 뒤 분리해낸 핵을 넣고 배양한다면 자신과 똑같은 유전자 정보를 가진 배아줄기세포를 얻을 수 있습니다. 이렇게 만들어낸 줄기세포를 간이나 콩팥 혹은 뇌신경으로 분화시킬 수 있다면 자신의 장기를 대체하는 세포 치료법으로 이용할 수 있을 거고요. 이렇게 배아줄기세포는 이론적으로 무한한 가능성을 가진 미래의 치료법이라고 할 수 있지만 기술적인 문제뿐 아니라 난자 공여와 인간 복제와 같은 윤리적인 문제로 연구의 제약이 따르는 것도 사실입니다.

성체줄기세포 연구는 배아줄기세포 연구에 비해 늦게 시작된 분야로 볼 수 있습니다. 그 이유는 성인의 몸속에 과연 줄기세포가 존재하는가에 대한 답이 비교적 최근에 얻어졌기 때문입니다. 하지만 사람의 뇌나 골수, 피부 등에 배아줄기세포처럼 분화 가능한 세포가 존재한다는 사실이 알려지게 되었고 이러한 성체줄기세포를 이용한 실험은 윤리적인 문제를 피할 수 있다는 점에서 매우 큰 이점이 있습니다. 실제로 연골의 줄기세포를 이용하여 퇴행성 관절염을 치료하는 일이 최근에 시술되기 시작하였고 골수의 줄기세포를 이용한 백혈병 치료는 점차 일반화되는 경향을 보이고 있습니다.

하지만 줄기세포 연구는 전반적으로 아직까지 첫 걸음을 뗀 것에

불과하다고 보아야 할 것입니다. 난치성 질환의 치료에 이용되기까지 기술적인 문제, 윤리적인 문제뿐 아니라 효과와 안전성의 검증 등 많은 과제가 남아 있기 때문입니다. 그러므로 섣부른 낙관이나 과도한 포장으로 현재 단계의 연구 결과를 잘못 알리고 잘못 이해하는 일은 개인적으로나 사회적으로나 큰 부작용을 낳을 것이 분명합니다.

줄기세포 치료제 개발에 박차를 가하는 기업들은 어디?

최근 루게릭병, 골관절염 등 줄기세포 치료제 성공에 힘입어 전 세계적으로 줄기세포 시장은 성장 중에 있습니다. 생명공학 정책연구센터의 글로벌 줄기세포 시장 전망 2017~2025에 따르면 글로벌 줄기세포 시장은 2017년 628억 달러 규모에 달했고 향후 빠르게 성장해 2025년에는 3,944억 달러 규모로 성장할 전망입니다. 지역별로는 북미 지역이 37.3%로 줄기세포 시장을 선도하고 있으며 정부의 적극적인 지원과 의료 관광의 활성화 등으로 아시아 지역 시장도 빠르게 성장 중인 것으로 보입니다.

미국의 줄기세포 시장은 2016년 기준으로 138억 달러 규모를 형성했으며 연평균 26.45%의 성장률을 보이고 있습니다. 뿐만 아니라 제약 및 생명공학 분야에서 1만 1,500여 개의 R&D센터가 운영되는 등 진보된 의료 인프라를 구축하고 있습니다. 유럽에서는 줄기세포 시장에서 활동하는 기업의 적극적인 투자가 이루어지고 있고 북미와 마찬가지로 암 및 심혈관 질환의 증가가 시장 성장의 주요 요인으로 작용하는 것으로 보입니다. 아시아 지역은 개발도상국의 경제 발전 및 소득 개선, 저렴한 치료 비용에 따른 의료 관광 및 의료 분야 투자 증가로 향후 전 세계적으로 가장 빠른 성장이 예상되는 지역입니다. 특히 중국의 경우 정부가 줄기세포 연구를 적극 장려하고 있을 뿐 아니라 미국에서 허용하지 않는 줄기세포 치료법을 받기 위한 의료 관광이 각광받으면서 관련 시장이 활성화되고 있습니다. 일본 역시 만만치 않습니다. 일본은 정부가 경제 성장을 주도하는 핵심 전략으로 재생 의학 및 세포 요법을 적극 지원하고 있으며 향후 10년간 1,100억 엔을 다기능 줄기세포 연구에 투자할 계획으로 있습니다. 또 세계 최초로 유도만능줄기세포(iPSC)의 임상 시험을 추진하는 등 개발에 적극적입니다.

2011년 파미셀에서 심근 경색 치료제로 개발된 세계 최초의 줄기세포 치료제 하티셀그램

바이오 솔루션에서 출시된 연골 세포 치료제 카티라이프

식약처에서 발행한 줄기세포 치료제 개발 및 규제 동향 2016에 따르면 국가별 임상 연구 현황에서 1999년부터 2016년 사이에 수행된 총 임상 314건 중에 한국은 총 46건을 등록해 155건을 등록한 미국에 이어 세계에서 두 번째로 많은 임상을 실시한 것으로 나타났습니다. 이어 중국 29건, 스페인 15건, 이스라엘 11건, 독일 10건 등으로 집계되어 한국과 중국의 지속적인 증가세가 눈에 띄었습니다.

최근 국내 증시에서도 줄기세포 관련 주에 대한 주식 투자자의 관심이 커지고 있습니다. 네이처셀, 제일약품, 파미셀 등 많은 종목이 등락을 거듭하고 있는 것을 보면 알 수 있는데 아직 줄기세포 연구가 초기 단계에 있는 까닭에 관련된 종목의 시세는 구체적인 실적보다는 전망이나 기대감으로 움직이는 경향이 있습니다.

눈 먼 생쥐도
다시 눈을 뜬다고?

Bio

희귀 난치병 치료의 열쇠라 불리는 유전자 치료는 무엇인가?

살아 있는 모든 생명체는 세포로 이루어져 있다는 사실은 모두 잘 알고 계실 겁니다. 세포 안에는 핵이 있고 인간의 핵 안에는 23쌍의 염색체가 있습니다. 실타래처럼 꼬여 있는 염색체를 풀면 긴 가닥으로 된 DNA가 나옵니다. 이중 나선 구조를 가진 DNA는 시토신, 구아닌, 아데닌, 티민 등 4가지 염기로 구성되어 있으며 어떤 순서로 배열되었느냐에 따라 유전 정보가 달라집니다. 그러므로 DNA는 우리 몸의 모든 정보가 들어 있는 일종의 설계도라고 할 수 있습니다. 눈동자 색과 머리카락 색, 키, 목소리, 원치 않는 질병에 대한 정보까지 모두 우리의 DNA 속에 있는 거죠.

불행하게도 사람들 중에는 태어날 때부터 앞이 보이지 않거나 걷지 못하는 사람도 있습니다. 하지만 DNA에 숨겨진 질병의 위협을 치료를 통해 어느 정도는 제어할 수 있을 것이라는 희망이 커져가고 있습니다. 바로 유전자 치료를 통해서 말입니다.

유전자 치료는 질병을 치료하거나 예방하기 위해 유전자를 이용하는 방식을 말합니다. 이 방식에는 환자의 세포에 새로운 유전자를 넣거나 잘못 작동하는 유전자를 없애거나 돌연변이가 일어난 유전자를 정상 유전자로 바꾸는 방법이 포함됩니다. 그런 만큼 원리상으로는 한 번의 처치로 질병의 근본적 원인을 제거하거나 적어도 치료 효과가 오래 지속될 수 있는 장점이 있습니다. 어떤 치료가 유전자 치료라 불리기 위해서는 표적으로 하는 DNA가 충분히 구체적이어야 하고 해당 DNA가 질병에 직접적인 효과를 주어야 합니다. 예를 들어 골수 이식이라든가 장기 이식도 치료 과정에서 환자에게 다른 사람의 DNA를 더하는 꼴이 되지만 이를 유전자 치료라고 부르지는 않습니다. 효과적인 유전자 치료를 위해서는 우선 병의 치료에 중요한 표적 유전자를 찾아야 하고 이를 부작용 없이 세포 내로 잘 전달하는 벡터(운반체)를 개발하는 기술이 필수적입니다.

SK㈜가 2021년 3월 인수한 프랑스의 유전자 세포 치료제 위탁 생산(CMO) 업체인 이포스케시가 본격적인 증설에 나서며 첨단 바이오 의약품 글로벌 생산 기지로의 도약을 가속화하겠다고 발표했습니다. SK(주)에 따르면 이포스케시가 5,800만 유로를 투자해 최첨단 시설을 갖춘 유전자 세포 치료제 제2 생산 공장 건설에 착수했다고 합니다. 신규 공장은 5,000㎡ 규모로 미국과 유럽의 의약품 제조 및 관리 기준에 맞춰 설계된다고 합니다. 그리고 그곳에 유전자 치료제의 대량 생산을 위한 바이오 리액터와 정제 시스템, 원료 의약품 생산 시설, 품질 관리 연구소 등의 시설이 들어선다는군요. 제1공장이 있는 프랑스의 바이오 클러스터인 제노폴에 함께 위치하는데 오는 2023년 완공되어 본격적으로 가동되면 현재의 2배이자 유럽에서는 최대 수준인 1만㎡ 규모의 유전자 세포 치료제 대량 생산 역량을 갖추게 됩니다. 특히 이포스케시의 신규 생산 시설은 바이오 의약품 중 치사율이 높은 희귀 질환 치료제의 글로벌 생산 공급지로 떠오를 것으로 기대되고 있습니다. 유전자 세포 치료제는 유전적 결함으로 발병하는 희귀 질환을 1~2회 유전자 주입으로 완치하는 혁신적인 개인 맞춤형 치료제로 고가에도 불구하고 월등한 치료 효과로 높은 성장세를 보이고 있습니다.

이포스케시의 독보적인 기술력에 첨단 시설까지 갖추게 되면 본격적인 상업화를 통해 매출도 크게 확대될 전망입니다. SK(주)

는 CMO 통합 법인인 SK팜테코의 글로벌 마케팅 네트워크 및 대량 생산 및 품질 관리 역량을 공유해 글로벌 경영 시너지를 극대화할 계획이라고 합니다. SK㈜는 이포스케시를 인수해 고성장 바이오 CMO 포트폴리오를 강화하는 한편 2023년을 목표로 SK팜테코의 상장도 추진 중입니다. SK팜테코는 2020년 7,000억 원의 매출을 기록해 2016년 대비 약 7배 성장했으며 2~3년 내에 매출 1조 원 달성이 유력합니다. 관계자에 따르면 이번 증설로 이포스케시는 급성장이 예상되는 유전자 세포 치료제의 대량 생산 및 상업화에 능동적으로 대응할 수 있을 것이라고 합니다. 과연 SK팜테코와의 시너지가 얼마나 나올지 궁금합니다.

또 한 가지 유전자 치료와 관련된 뉴스를 소개하자면 최근 유전자 치료로 앞을 못 보는 생쥐의 시력을 되찾았다는 뉴스가 많은 사람들에게 화제가 된 바 있습니다. 미국의 캘리포니아대학교 버클리 캠퍼스 연구팀이 눈 먼 생쥐의 눈에 초록색 수용체 유전자를 주입했더니 1개월 뒤 이 눈 먼 생쥐들은 시력에 문제가 없는 생쥐처럼 아주 쉽게 장애물을 피해 다닐 정도로 시력이 회복되었다고 합니다. 물론 인간의 망막은 생쥐와 다릅니다만 연구진에 따르면 긍정적이라고 합니다. 언제 상용화될 수 있을지는 모르겠지만 빨리 개발이 완료되기를 기대합니다.

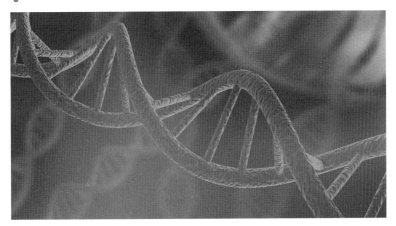

⚛ DNA 구조 3D 그림

유전자 치료의
문을 연 기업은 어디?

전 세계적으로 유전자 치료제를 비롯해, 세포 치료제, RNA 치료제 개발이 갈수록 뜨거워지는 것 같습니다. 최근 사이언스지에 게재된 자료에 따르면 2020년도 유전자·세포·RNA 치료제의 임상 시험이 지난 2016년에 비해 3배가량 증가했습니다. 현재 전 세계적으로 승인된 세포 치료제는 53개이고 유전자 치료제는 16개, RNA치료제는 15개 등으로 총 84개라고 합니다. 유전자가 변형되지 않는 순수 세포 치료제는 안전성이 인정되어 가장 많이 승인되었지만 현재 개발 중인 파이프라인은 유전자 치료제가 50% 이상을 차지하고 있다고 합니다. 실제로 2021년 1분기 기준으로 3,474개의 파이프라인 중 유전자 치료제 또는 유전자 변형 세포 치료제가 점유하는 비율이 53%에 달합니다.

유전자 치료제는 한때 안전성을 이유로 개발이 주춤했으나 2015년 암젠이 임라이직을 개발하여 미국과 유럽에서 승인을 받으면서 개발이 활발해졌습니다. 2020년 기준으로 1,300개 이상의 파이프라인이 있으며 이중 912개는 전임상 단계, 25개는 임상 3상 단계입니다. 파이프라인을 질환별로 나누면 50% 이상이 항암제이며 신경 질환 치료제와 안과 질환 치료제 등이 그 뒤를 잇고 있습니다. 개발 중인 유전자 치료제의 88%가 바이러스 벡터를 전달체로 하며 특히 아데노 연관 바이러스(AAV)와 렌티 바이러스를 주로 활용하는 것으로 알려져 있습니다. 신규 임상 시험 건수는 미국이 600건으로 가장 많으며 그 뒤에 중국, 영국, 프랑스, 캐나다 순이고 한국은 10위를 차지했습니다.

특히 국내에서는 연평균 30% 이상 고성장하고 있는 세포 ·유전자 치료제 CDMO(위탁 개발 생산)의 가능성을 보고 기업들이 생산 설비에 나서고 있습니다. 이연제약은 그동안 집중했던 원료 의약품, 처방 의약품, 조영제 사업에서 한 발 더 나아가 바이오 의약품 사업을 본격적으로 준비하는 모양입니다. 이를 위해 국내 유일의 유전자 치료제 원료 및 완제 의약품 공장이 곧 완성된다고 합니다. 또 차바이오텍은 미국의 자회사 마티카 바이오를 통해 미국 텍사스에 생산 설비를 구축 중입니다. 2021년 말 완공 예정인 이 공장에서는 차세대 항암제등 세포 유전자 치료제에 활용될 렌티 바이러스 벡터, 아데노 연관 바이러스 벡터 등 바이럴 벡터가 생산될 예정이라고 합니다. 바이럴 벡터는 세포 유전자 치료제를 개발하기 위한 핵심 원료로 세계적으로 세포 유전자 치료제 개발이 활발해지면서 그 수요가 크게 증가하고 있죠.

또 주식 시장에는 아직 잘 알려지지 않았지만 유전자 치료제 위탁 생산 기업인 진원생명과학 역시 주목할 만한 기업입니다. 진원생명과학은 유전자 치료제의 핵심 원료인 플라스미드 DNA를 위탁 생산하는 공장을 현재 보유하고 있습니다. 플라스미드 DNA는 유전자 치료제의 주류인 바이러스 전달체 생산의 핵심 원재료일 뿐 아니라 최급 급격하게 시장이 개화하고 있는 mRNA의 주요 원료이기도 합니다. 업체 관계자에 따르면 플라스미드 DNA의 수요 급증으로 기존 공장은 2019년부터 풀가동 중이며 2021년 4분기 완공되는 새로운 공장은 2022년 2분기부터 본격적으로 가동된다고 합니다. 또한 진원생명과학은 백신 개발에도 강점이 있어 주로 DNA 백신을 개발하였고 mRNA 백신도 전임상을 진행하고 있습니다. 과거 지카 바이러스, 에볼라, 메르스 백신 등 각종 백신을 개발한 이력이 있으며 <뉴잉글 랜드 저널 오브 메디슨(NEJM)>과 같은 주요 학술지에 임상 결과를 발표하기도 했습니다. 또 2020년 12월부터는 식약처의 승인을 받아 한국에서 코로나19 DNA 백신(GLS-5310)의 임상 1/2a상을 진행하고 있습니다.

mRNA 백신의 작동 원리(사진=IBS)

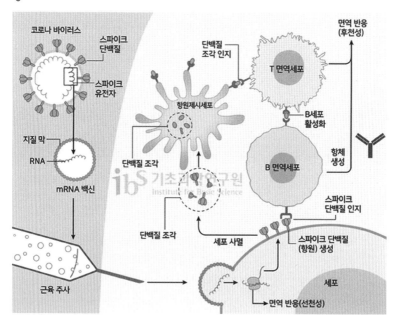

⚛️ 차바이오텍의 파이프라인

타입	세포 종류	제품	적응증	적용 기술
Autologous	면역세포	CBT101	고형암(교모세포종)	NK-FF
Allogenic	면역세포	Allo-NK	고형암	NK-AFF
	신경전구세포	FMD-NPC	파킨슨	EP-NPC
	줄기세포	CordSTEM-DD	디스크	MSC-CORD
		CordSTEM-ST	뇌졸중	
		CordSTEM-AS	아셔만 증후군	
		CordSTEM-ARDS	중증 호흡기 질환	
		ES-MSC	조기 난소 부전	H-ES
		hESC-RPE	황반변성	아스텔라스 (US) 제휴
		hESC-RPE	스타가르트병	

제6장 눈 먼 생쥐도 다시 눈을 뜬다고?

제7장

코로나19 백신과 치료제
누가누가 잘 만드나?

Bio

국내 바이오 시가 총액 1위,
셀트리온의 렉키로나의 시장 가치는?

지난 2021년 2월 식품의약품안전처로부터 고위험군 경증 환자 및 중등증 환자를 대상으로 셀트리온의 코로나19 항체 치료제 렉키로나가 조건부 승인을 받았습니다. 그 뒤 탄탄대로를 달릴 것만 같은 렉키로나가 현재 매출이 나오느냐 안 나오느냐로 말들이 많습니다. 그 전에는 치료제로서 허가가 날 것인가 안 날 것인가로 화제가 되었었고요. 저는 지난 1월 허가가 날 것이라고 예측한 적이 있었습니다. 사람들이 왜냐고 물으면 환자의 입원 기간이 줄어들었기 때문이라고 대답했죠. 실제로 환자가 예를 들어 8일간 입원하던 환자가 5일 입원으로 줄어들었습니다. 의사가 진료하기 귀찮다고 내보내지는 않앞을 것이고 퇴원할 만하니까 퇴원한 것이겠죠. 그 데이터만 보고도 저는 허가를 받을 수 있겠다고 생각했습니다. 그래서 이 약을 가지고 지금 임상 3상을 하고 있는 것이고요. 그러니 지금부터는 매출도 날 텐데 임상 3상을 마치고 제대로 승인을 받으면 매출이 더 나오리라고 생각합니다. 현재 2,700명이 넘는 환자에게 처방되었으며 최근 한국, 미국, 스페인, 루마니아 등을 비롯한 13개국에서 총 1,300명에게 글로벌 임상 3상 투약을 완료했으며 최근 결과를 발표했습니다.

셀트리온에 따르면 이번 대규모 임상 3상에서 가장 중요한 임상적 결과인 중증 악화율과 임상적 증상 개선 시간에 대한 4개의 주요 평가 지표(1차 평가 지표 1개, 2차 주요 평가 지표 3개)를 지정해 통계적으로 분석하였으며 모든 평가 지표(4개 평가 지표 모두 $p<0.0001$)에서 치료군과 위약군 간의 명확한 차이를 증명했다고 설명했습니다. 렉키로나(40㎎/㎏)를 투여한 환자군은 위약 환자군과 비교해 중증 악화율이 고령, 기저 질환 동반 등 고위험군 환자에서 72%(1차 평가 지표), 전체 환자에서 70% 감소(2차 주요 평가 지표)하며 통계적 유의성을 입증했다고 합니다. 임상적 증상 개선까지 걸린 시간은 고위험군 환자의 경우 렉키로나 투여군 9.3일, 위약군 최소 14.0일로 4.7일 이상 단축(2차 주요 평가 지표)되었으며, 전체 렉키로나 투여군에서는 8.4일, 위약군 13.3일로 렉키로나 치료 시 4.9일이 단축(2차 주요 평가 지표)되어 통계적 유의

성을 확보한 것으로 보입니다. 안전성 평가 결과 분석에서도 렉키로나 투여군과 위약군의 이상 반응 경험 환자 수는 유사했으며, 대다수의 이상 반응은 경미한 수준에 그쳐 안전성 측면에서 특이사항은 나타나지 않았다고 합니다.

셀트리온은 이번 임상 3상 결과를 미국 식품의약국, 유럽 의약품청 등 글로벌 규제 기관에 제출해 이들 기관의 정식 품목 허가에 한 걸음 더 다가서겠다는 방침입니다.

셀트리온 관계자는 "대규모 글로벌 임상 3상을 통해 렉키로나를 코로나19 경증 및 중등증 환자에게 투약하면 중증 환자로 발전하는 비율을 현저히 낮추고 빠르게 회복하는 것을 입증했다."라고 말하면서 "이번 임상 3상 결과를 통해 코로나19 치료제로서 렉키로나의 효능과 안전성을 입증한 만큼, 국내외 의료 현장에서 보다 적극적으로 환자에게 렉키로나가 처방될 수 있을 것으로 기대한다."라고 말했습니다.

또한 이번 렉키로나 글로벌 임상 3상 결과는 2021년 상반기 내 발표될 계획이며, 2021년 7월 9일부터 12일까지 온라인으로 개최하는 '2021 유럽 임상 미생물학 및 감염 질환 학회'에서 구두 발표될 예정이라고도 했습니다.

❖ 셀트리온의 코로나19 항체 치료제 렉키로나주

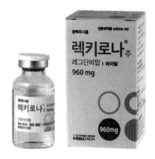

그런데 이 렉키로나 말입니다만 지금은 코로나19 항체 치료제로 알려져 있습니다. 코로나19 바이러스가 인체에 들어갔을 때 항체 치료제로 사용되는 것이죠. 그런데 이 약은 현재 코로나가 만연하고 있으니 코로나19 바이러스에 대한 치료제인 거지 다른 용도로도 쓸 수 있습니다. 다른 염증 관련 질병에서도 쓸 수 있다는 말은 확장성이 있다는 것이죠. 그래서 의미가 있는 것이고요. 사실 셀트리온이라는 회사를 표현할 때 가장 대표적으로 할 수 있는 표현은 과거 바이오시밀러를 만들었던 회사라는 것입니다. 복제약을 만드는 회사라는 거죠. 그런 회사가 신약을 만들 수 있는 역량을 보여준 사실 자체가 셀트리온의 가장 큰 포인트라고 생각합니다. 과거에는 다른 기업이 만들었던 제품의 복제품을 만들었던 것에 비해 지금은 새로운 신약을 만들 수 있다는 것입니다. 제품 자체도 코로나19에 효과가 뛰어날 것으로 보입니다만 '이제 앞으로는 다른 신약이 나오겠네.' 하는 투자자들의 생각이 중요한 것이죠.

업체명	약품명	대상 환자/임상 단계	일정	구분
셀트리온	렉키로나주	경증, 중등증/2상 완료	조건부 허가 신청, 국내 허가 심사 착수(2020년 12월), 임상 3상 전제 허가 권고(2021년 1월)	항체 치료제
GC녹십자	GC5131A	중증/2상 완료		혈장 치료제
대웅제약	호이스타정	경증, 중등증/2상 완료	임상 2a상 톱라인 결과 발표(2020년 12월), 예상 경구제로 임상 3상 승인(2021년 1월)	췌장염 치료제
대웅제약	DWRX2003	경증, 중등증/2상		구충제
종근당	나파벨탄	증등증, 중증/2상 완료		항응고제
신풍제약	피라맥스	경증, 중등증/2상		말라리아 치료제

혈장 치료제로 승부를 보려 했던 GC녹십자의 다음 행보는?

혈장 치료란 바이러스에 감염됐다가 완치된 환자의 혈액에서 항체가 든 혈장을 분리해 다른 환자에게 주입하는 방법입니다. 혈장은 혈액 중 적혈구, 백혈구, 혈소판이 빠진 액체 성분으로 항체 및 혈액

응고 인자 등 중요한 단백질 성분이 들어 있죠. 특히 특정 감염병에 걸린 후 회복되어 면역 반응을 형성한 환자의 회복기 혈장 속에는 항체가 형성되며 이를 이용하여 몇몇 바이러스 질환의 발생 상황에서 수동 면역을 제공하는 수단으로 사용되어 왔습니다. 체내 항체의 증식 속도가 바이러스 증식 속도보다 빠를 경우 치료가 이루어지므로, 질병이 진행된 이후에 투여하면 효과가 없는 것으로 알려져 있으며 질병 초기에 투여해야 효과를 나타냅니다. 혈장을 이용하는 치료 방법에는 크게 혈장 치료(회복기 혈장)와 혈장 분획 치료가 있습니다.

혈장 치료는 회복기 환자의 혈액에서 항체가 들어 있는 혈장을 분리하여 치료가 필요한 질병 초기 환자에게 수혈하듯 투입하는 것을 말합니다. 중증 급성 호흡기 증후군(사스), 중동 호흡기 증후군(메르스), 에볼라 바이러스, 코로나 바이러스 감염증-19(코로나19) 등의 감염병을 치료하는 방법으로 사용되고 있으나, 혈장 공여자에 따라 중화 항체의 효과가 각기 다르고 대량 생산이 어렵다는 문제가 있습니다. 반면 혈장 분획 치료제는 완치자의 혈장 속에 포함된 중화 항체(면역 글로불린)를 정제 및 농축한 제품으로 고농도의 중화 항체가 일정하게 포함되어 있죠. 혈장 분획 치료제는 코로나19 완치자에서 채혈한 혈장에서 중화 항체가 포함된 면역 글로불린을 분리한 후 정제, 농축하여 불순물을 제거하는 과정을 통해 제조하게 됩니다.

GC녹십자가 개발 중인 혈장 분획 치료제는 단순한 혈장 치료와는 차이가 있습니다. 단순한 혈장 치료는 코로나19 완치자로부터 얻은 회복기 혈장을 그대로 환자에 주입하는 수혈 요법인 것에 비해 혈장 분획 치료제는 코로나19 완치자의 혈장을 다량으로 수집한 뒤 면역 원성을 가진 항체만을 분리해 만듭니다. 그렇게 혈장 내 중화 항체를 정제 및 농축하면 고농도 중화 항제가 일정하게 포함되어 기존의 수혈 방식보다 안전하고 효과도 더 높다고 하죠.

하지만 2021년 5월 식약처에서는 GC 녹십자의 코로나19 혈장 치료제인 지코비딕주에 대한 조건부 허가 승인을 불허하였습니다. 식약처에서는 녹십자의 혈장 분획 치료제 지코비딕주를 3상 임상 시험을 조건으로 허가하는 것이 적절하지 않다는 결론을 내렸습니다. 검증 자문단은 2차 임상 시험 결과를 놓고 치료 가능성을 평가했으나 시험군과 대조군의 효과 차이가 전반적으로 관찰되지 않았다고 합니다. 발표 직후 녹십자는 입장문을 내고 품목 허가를 위한 당면 과제에 급급하지 않겠다고 밝혔습니다. 지코비딕주의 임상 자료는 일반적인 의약품 개발 기준으로 볼 때 확증적 결과로 분류하기에 제한점이 있는 것이 사실이라고 인정하면서도 혈장 치료제는 신종 감염병 발생 시 일차 방어선으로 활용하는 공익적 가치가 있다고 주장했습니다.

하지만 최근 GC녹십자는 지코비딕주 상용화를 중단하기로 결정하고 공시를 통해 품목 허가 자진 취하의 뜻을 밝혔습니다. 발표 전에도 코로나 완치자의 혈액이 지속적으로 필요하다 보니, 전문가들은 과거 대량 생산과 상용화가 어려울 것으로 내다본 바 있죠. 어쨌거나 녹십자는 품목 허가는 취하하지만, 의료 현장에서 코로나 치료 목적으로는 사용할 수 있게 지코비딕을 지원하겠다고 발표했습니다.

❖ 주사기에 들어 있는 혈장

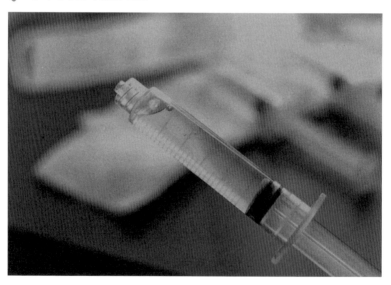

코로나19 퇴치를 위한 첫 번째 발걸음 화이자 백신

2020년 12월 14일은 어쩌면 세계사에 길이 남게 될지도 모르는 날입니다. 미국의 제약회사 화이자의 미시간 공장에서 코로나19 백신이 출시되어 경찰 호위하에 미국 전역으로 배송되기 시작했습니다. 많은 미국 언론에서 이날을 2차 대전 승전일 혹은 아폴로 11호의 달 착륙일과 비교했습니다. 수많은 인명을 희생시킨 코로나19를 퇴치하기 위한 첫 걸음이자 '끝의 시작'이었기 때문입니다.

화이자는 독일의 바이오앤테크와 공동으로 코로나19 백신을 개발했습니다. mRNA 항암제 개발 회사인 바이오앤테크는 2019년 빌 게이츠 재단과 연구 개발 협약을 맺은 회사로도 유명하죠. 그리고 화이자는 1849년 정제 화학 약품 제조 회사로 출발했습니다. 독일인 이민자 출신인 찰스 화이자와 사촌 찰스 에어하트가 찰스의 부친으로부터 2,500달러를 빌려서 공동 창업했다고 하죠. 초창기에는 가족 경영 체제였지만 1941년부터 전문 경영인 체제로 돌입했다고 합니다. 화이자는 코카콜라와 펩시콜라가 대량으로 필요로 하는 구연산 제조로 1880년대 큰 성공을 거두었고 1944년에는 페니실린의 대량 제조에 성공해 세계 최대의 페니실린 제조사가 되기도 했습니다. 또 고지혈증 치료제 리피토를 개발해 엄청난 성공을 거두기도 했고

1998년 첫 생산된 발기 부전 치료제 비아그라는 전 세계 성 기능 장애 환자로부터 열광적인 환영을 받기도 했습니다. 제조업계에 따르면 화이자의 글로벌 처방약 매출액은 436억 6,200만 달러로 로슈와 노바티스에 이어 3위라고 합니다.

코로나19 백신은 화이자의 명성을 다시 한번 높일 것으로 보입니다. 임상 3상 시험 참가자 가운데 코로나19에 감염된 환자 170명을 분석한 결과 백신을 처방받고도 코로나19에 걸린 경우는 8명에 그쳐 예방 효과가 95%에 이른다고 합니다. 하지만 아쉽게도 한국에서 위탁 생산될 가능성은 희박해 보입니다. 언론 보도에 의하면 화이자는 백신 기술의 고유성과 외부에서 제조되었을 때의 품질 등을 고려해 현지 제조는 고려하지 않는다고 합니다. 현재 화이자 백신의 공급라인은 미국과 유럽에 있죠.

모더나에서 만든 백신도 그렇지만 화이자 백신은 mRNA 방식의 백신입니다. mRNA 백신은 코로나19 바이러스의 특정 항원 단백질을 만드는 mRNA를 몸속에 집어넣는 방식입니다. 인체에 들어간 mRNA는 몸속에서 스파이크 단백질을 만들게 되고 면역 세포가 이에 대항해 항체를 만들게 되죠. mRNA 백신은 단백질이나 바이러스를 외부에서 직접 배양하는 게 아니기 때문에 백신 제조가 빠르다는 장점이 있습니다. 또 RNA 정보를 조절해 독성이나 증식 위험 없이 필요한 항원을 만들게 할 수도 있고요. 반면 보관이 까다롭다는 문제도 있죠. 화이자 백신이 영하 70도 이하의 초저온 상태로 유통해야 하는 것도 이런 이유 때문입니다.

한국에서 화이자 백신은 아스트라제네카 백신에 이어 두 번째로 많은 공급이 이루어지고 있으며 추가 구매 계약이 체결되면서 보다 안정적으로 공급을 받을 수 있을 것으로 보입니다. 또 원활한 백신 유통을 위해 백신의 분말화도 계획하고 있다고 합니다. 분말로 제조되면 저온 보관 및 유통에 따른 제약이 줄어들 것으로 보입니다.

국내에서는 화이자 백신의 성능이 좋다고 알려지면서 아스트라제네카나 얀센 백신은 거부하며 언제가 될지 모르는 화이자 백신을 접종하기 위해 무작정 기다리는 사람도 있다고 합니다.

하지만 미국의 질병 통제 예방 센터에서는 특정 백신을 골라서 맞으려고 하지 말고 빨리 맞을 수 있는 것으로 맞기를 권하고 있습니다. 당연히 접종받을 수 있는 가장 빠른 백신을 맞고 집단 면역을 형성하는 게 코로나 바이러스를 종식시키는 가장 빠른 지름길이겠죠. 화이자 백신뿐 아니라 아스트라제네카, 얀센 등도 모두 임상 시험을 통과했고 우수한 예방 성능을 가지고 있으니 말입니다.

코로나 백신 개발 현황

업체명	타입	접종 횟수/보관	임상
Pfizer & BioNTech	mRNA	2회(3~4주)/-60℃	FDA 승인
Moderna	mRNA	2회(3주)/-20℃	FDA 승인
AstraZeneca & Oxford Univ	Adenovirus(Ad5) 전달체	2회(3주)/-2℃	영국 승인 FDA 3상
J & J(Jessen)	Adenovirus(Ad26) 전달체	2회(3주)/-2℃	FDA 3상
Sinovac	Inactivated Virus	2회(3주)/-2℃	중국 승인 FDA (1상)
Novavacx	Recombinant Spike Protein	1회/-2℃	FDA 1상
Gamaleya RI	Adenovirus(Ad5 / Ad26) 전달체	2회/-2℃	러시아 승인 FDA 1상
Sinopharm	Inactivated Virus	2회/-2℃	중국 승인 FDA 1상
제넥신	DNA	1회/-2℃	한국 임상 1상 FDA 1상 신청중

하버드대 출신 초엘리트들이 모인 모더나

얼마 전 정부에서는 미국의 제약사 모더나가 개발한 코로나19 백신에 대해 수입 품목 허가를 승인했습니다. 식약처에서 외부 전문가가 포함된 최종 점검 위원회를 열고 모더나 백신에 대한 임상 시험 최종 결과 보고서를 허가 후 제출하는 조건으로 품목 허가를 하기로 한 것이죠. 이에 따라 모더나 백신은 아스트라제네카, 화이자, 얀센 백신에 이어 국내에서 네 번째로 허가를 받은 코로나19 백신이 되었습니다. 이 모더나 백신은 유럽, 미국 등 39개국과 세계보건기구(WHO)에서 조건부 허가 또는 긴급 사용 승인을 이미 받았으며 백신의 임상 시험에서 예방 효과가 94.1%로 나타나 허가하기에 충분하다고 합니다.

모더나 백신은 mRNA 방식의 백신입니다. 화이자 백신과 동일한 거죠. 이는 코로나19 바이러스의 항원 유전자를 mRNA 형태로 주입하여 체내에 항원 단백질을 합성하고, 이 단백질이 중화 항체의 생성을 유도함으로써 코로나19 바이러스가 인체에 침입했을 때 바이러스를 중화해 제거합니다.

사실 저는 코로나19 백신과 관련해 가장 대박을 터뜨린 회사는 모더나라고 생각합니다. 화이자는 독일에 있는 바이오앤테크사의 기술을 가지고 와 많이 팔았습니다. 그래서 바이오앤테크도 부자가 되었지만 화이자는 더 큰 부자가 되었죠. 영국의 아스트라제네카는 백시텍이라는 작은 회사에서 기술을 가져온 것이고요. 그에 비해 모더나는 원래 자기가 기술을 가지고 있으면서 그걸 스스로 핸들링한 것입니다. 물론 전 세계적으로 약은 화이자가 더 많이 팔 것입니다. 공장도 더 많고 자본도 더 많으니까요. 하지만 상대적으로 혼자 다 했으니까 이런 측면에서 보면 모더나가 일등일 것입니다. 얀센 역시 한국에서도 이미 허가가 났지만 얀센의 경우 다른 회사보다 조금 늦게 출발해서 이익이 상대적으로 적을 수밖에 없습니다.

그리고 의문의 1승이라고 표현해야겠지만 스푸트니크 백신이 의문의 1승을 거두었다고 생각합니다. 러시아 기술에 대해서는 한국도 물론이고 전 세계적으로 무시했었으니까요. 아직 데이터가 다 나온 건 아니지만 지금까지 검증된 것만 보아도 스푸트니크 백신은 의문의 1승을 거둔 것 같습니다. 중국에서 생산된 백신 시노팜은 여전히 말이 많은 만큼 의문의 1패를 당한 것 같고요.

반가운 것은 삼성바이오로직스와 모더나가 코로나19 백신 완제 위탁 생산 계약을 맺었다고 합니다. 앞으로 삼성바이오로직스는 모더나 백신의 원료 의약품을 인체에 투여할 수 있는 최종 형태로 만드는 완제 공정에 대한 기술 도입을 바로 착수할 예정입니다. 참고로 삼성바이오로직스는 연간 36만 4,000리터 규모의 바이오 의약품 생산 능력을 갖춘 글로벌 1위 위탁 생산 기업입니다. 존슨앤드존슨, 브리스톨 마이어스 스퀴브, 길리어드 등의 글로벌 제약사와 장기 계약을 맺고 있으며 일라이 릴리와 비어-GSK 등이 개발한 코로나19 치료제 생산도 맡고 있습니다.

◦•◦ 코로나19 백신의 국내 임상 현황

의뢰자	제품명	임상 시험 내용(요약)	단계	승인일
국제백신연구소	INO-4800	건강한 성인 대상 피내 접종 후 전기천공법을 이용하는 코로나19 백신의 안전성, 내약성 및 면역원성 평가	1/2a상	2020년 6월
SK바이오사이언스(주)	NBP2001	건강한 만 19~55세 성인을 대상으로 코로나19 백신의 안정성, 내양성 및 면역원성 평가	1상	2020년 11월
(주)셀리드	adCLD-CoV19	건강한 성인 자원자를 대상으로 코로나19 백신의 안정성, 면역원성 확인	1/2a상	2020년 12월
진원생명과학(주)	GLS-5310	건강한 성인에게 피내 접종하는 코로나19 백신의 안정성, 내양성 및 면역원성 평가	1/2a상	2020년 12월
(주)제넥신	GX-19N	건강한 성인을 대상으로 코로나19 백신의 안정성, 내양성 및 면역원성 탐색	1/2a상	2020년 12월

제8장

바이오에 투자하기
더 좋은 시장은 국내 ? 해외?

동학 개미들이 국내 바이오 시장에
머무르는 이유는?

국내 바이오 시장을 살필 때는 두 가지 면에서 살펴야 합니다. 하나는 인력이고 다른 하나는 시장입니다. 여기서 시장은 자본 시장을 의미합니다.

인력적인 측면을 놓고 보면 제가 2020년부터 코로나19 때문에 해외 출장을 잘 다니지 못했습니다만 바이오 쪽은 이스라엘, 영국, 벨기에, 스웨덴, 호주, 미국, 중국 등의 나라에 다 투자를 해봤습니다. 가서 보면 결국은 사람이 개발하는 것인 만큼 인력이 얼마나 우수한가가 관건이라고 할 수 있습니다. 결론부터 말씀드리면 한국의 연구 개발 인력은 앞서 이야기한 국가들의 인력과 비교하면 절대로 뒤

지지 않습니다. 물론 미국에게는 일부 부문에서 경쟁력이 떨어지는 것은 사실입니다만 모든 분야에서 미국이 혼자 다 하는 것은 아니기 때문에 그 부문만 피하면 글로벌 경쟁력은 있다고 할 수 있습니다. 그러니까 인력적인 면에서 우리나라 사람들은 뭔가 잘 만들어낼 수 있는 능력이 있다, 개발할 수 있는 능력이 있다, 그런 측면에서 국내 바이오 시장이 매력적이라 할 수 있습니다.

두 번째로는 코스닥 시장이 매력적이라는 사실입니다. 우리나라 코스닥 시장에서 적자를 기록한다거나 매출이 없음에도 밸류에이션 측면에서 굉장히 높은 평가를 받는 섹터가 바로 제약 바이오 섹터입니다. 누군가 바이오 회사를 만들어 상장했다고 했을 때 만약 좋은 평가를 받게 되면 그 회사는 순식간에 1,000억 원, 1조 원의 가치를 갖게 됩니다. 그렇기 때문에 뛰어난 인력이 그 회사에서 일할 수 있는 동인이 되는 것이고 투자자 또한 그런 꿈을 가지고 회사에 투자하는데 리퀴디티(거래량) 측면에서는 특히 전 세계적으로 살펴봐도 코스닥 시장은 굉장히 좋은 시장인 것입니다.

개인적으로는 레고켐바이오사이언스, 티움바이오, ABL바이오 등에 성공적으로 투자한 경험을 통해 조언을 간단히 해드리자면 바이오 기업에 투자할 때 저는 신약 개발 경험이 풍부하고 연구 개발 수행 능력의 완성도가 높은 경영진 또는 인력이 있는지를 먼저 보시라고 말씀드리고 싶습니다. 현실적으로 각사가 개발 중인 신약의 성패 여부는 판단하기 어렵지만 CEO(최고 경영자), CTO(최고 기술 경영자), 협력 교수진의 면면과 이들 간 화합이 1차적인 판단 지표입니다. 앞서 언급한 3개 업체는 모두 인력, 특허, 데이터 등 3가지 요소가 유기적으로 잘 맞물려 있었습니다.

또 다른 관점으로는 우리나라에서 지난 20년간 인기가 있었던 대학의 과를 살펴보면 의대, 약대, 수의대, 생물공학과가 항상 꼽힙니다. 인재들이 많이 갔다는 의미죠. 공부 잘하는 아이들의 특성상 어느 날 갑자기 공부를 안 하겠다는 결심도 할 수 있겠지만 그 아이들은 그쪽 분야에서 꾸준히 무엇인가를 할 겁니다. 가지고 있는 성실함을 바탕으로 말이지요. 그러면 아무래도 그쪽 분야가 발전할 수밖에 없는 거죠. 과거 역사를 살펴보면 섬유공학과가 뜨던 시절이 있었습니다. 우리나라가 봉제 제품 수출이 많았던 시절이었죠. 그다음엔 화공과가 인기 학과였죠. 그다음엔 조선공학과도 인기가 많았고 전자공학과가 방방 뜨던 시절도 있었습니다. 생각해 보면 화공과가 있기가 있고 난 다음에는 석유화학 공업이 발전했고 조선공학과가 뜬 뒤에는 조선업이 많은 발전을 이루어졌습니다. 전자공학과 붐 뒤에는 반도체가 나왔죠. 최근 20년간 의학 계열 쪽으로도 많은 인력이 왔죠. 그러면 그 인력들이 그쪽 분야에서 일을 할 것이고 그러면 그쪽 분야의 발전이 있을 것이라는 것이 제 생각입니다.

그리고 또 한 가지는 저희 같은 벤처 캐피털은 먼 미래가 아니라 3년 후, 5년 후를 바라보고 투자를 많이 합니다. 재작년부터 산업 섹터 중에서 벤처 캐피털이 가장 많이 투자하는 분야가 바이오입니다. 이쪽 업계 사람들도 바보가 아닌 이상 고민을 많이 하고 투자했을 것이고 그 결과물은 재작년에 한 것은 올해나 내년 혹은 내후년쯤 나올 것이고 올해 한 투자는 3년이나 5년쯤 뒤에 나올 것입니다. 그렇게 투자를 받은 기업은 그 돈을 기반으로 의미 있는 연구를 할 것이니 그 결과물이 나올 것이라는 말이죠. 쉽게 말씀드리면 선행 투자를 전문적으로 하는 벤처 캐피털의 투자가 바이오 섹터에 많이 되어 있고 그쪽 업계에 좋은 인력이 많다는 것입니다. 당연히 전망은 밝을 수밖에 없는 것이죠.

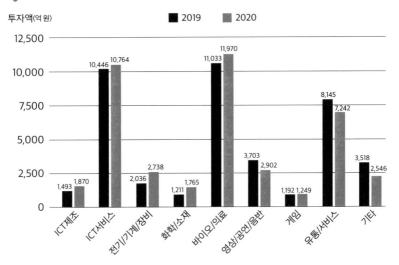

2019년, 2020년 국내 벤처 캐피털의 투자 부문 및 금액

투자액(억 원) ■ 2019 ■ 2020

부문	2019	2020
ICT제조	1,493	1,870
ICT서비스	10,446	10,764
전기/기계/장비	2,036	2,738
화학/소재	1,211	1,765
바이오/의료	11,033	11,970
영상/공연/음반	3,703	2,902
게임	1,192	1,249
유통/서비스	8,145	7,242
기타	3,518	2,546

서학 개미들이 해외 바이오 시장으로 유학 간 이유는?

전 세계에서 가장 큰 시장은 어디일가요? 바로 미국입니다. 자본 시장뿐 아니라 진짜 시장 사이즈도 미국이 가장 큽니다. 약값도 제일 비싸죠. 그렇기 때문에 한국에 있는 기업들은 자본 시장 때문이 아니라 진짜 시장 때문에 미국을 가는 것이고 유럽을 가는 것입니다. 당연히 가는 것이 맞는 것이고요. 그래서 예를 들어 한국의 특정 기업이 미국에 진출해서 의미있는 성과를 얻어내었다고 합시다. 그렇게 되면 거기 시장 사이즈가 훨씬 크니까 매력적인 것이죠. 또한 리스크 테이킹(위험 감수)의 측면에서도 이유가 있습니다. 미국에 모더나라는 회사가 있습니다. 모더나의 시가 총액은 2020년 코로나 이전에는 한화로 약 5조 원 정도 했습니다. 그런데 백신 만든다는 뉴스가 나오니 금세 50조로 변했죠. 물론 한국에도 시가 총액이 10배쯤 늘어난 기업은 있습니다만 5조 원이 50조 원이 되는 회사는 잘 없습니다.

바이오 분야는 국내든 미국이든 변동성이 다른 종목에 비해 크다고 할 수 있죠. 그런 만큼 투자자의 성향이 안정적이라면 바이오 기업보다는 전통적인 제약 기업에 투자하는 게 맞는 것 같습니다. 예를 들면 유한양행, 녹십자 같은 곳 말이죠. 다만 국내 기업은 주가가 올라간다고 해도 아주 많이 오르지는 않겠죠. 하지만 미국에는 상한가, 하한가 제도가 없습니다. 그래서 임상 실험을 하다가 실패로 끝나면 70~80퍼센트씩 주가가 빠지죠. 최근에도 그런 일이 있었습니다. 저희 회사랑 관련된 회사가 올라갈 때 무려 40%씩 올라가더군요. 물론 짜릿짜릿합니다만 내려갈 때도 짜릿짜릿한 게 문제죠. 그런 만큼 투자자들은 리스크 테이킹 측면을 반드시 확인하고 하시는 게 좋겠습니다. 혹시라도 나스닥에 있는 바이오 회사에 투자하신

다면 시가 총액이 최소 1조 원이 넘는 회사에 투자하시길 권해드립니다.

⚡ 유한양행의 안티푸라민 더블파워

솔직한 심정으로는 3조 원 이상인 곳에 투자하셨으면 좋겠습니다. 물론 시가 총액 3,000만 원짜리가 잘하다 보면 2조 원이 될 수도 있고 3조 원이 될 수도 있습니다만 그런 회사는 만약의 사태에 진짜 어찌할 도리가 없을 수도 있습니다. 미국에서는 3조 원짜리 바이오 기업이 그렇게 큰 회사는 아닙니다. 그러니 시가 총액이 그 정도 되는 회사에 투자하시길 바랍니다. 한국에서도 마찬가지입니다. 시가 총액이 1,000억 원이 넘는 회사에 투자하시면 좋겠습니다. 너무 일확천금을 꿈꾸지는 마시라는 말씀입니다.

❖ 글로벌 제약사 소개(시가 총액 톱 10 기준)

업체명	설립연도/소재지	시가 총액 (2021년 1월 6일)	주요 파이프라인
화이자	1849년/미국	US $204.93B (약 217조 원)	**주요 제품** - 엘리퀴스(항응고), 입랜스(유방암), 인라이타(신장암), 젤잔즈(자가 면역), 빈다켈(희귀 심근증) **코로나19 제품 현황** - 바이오앤테크 공동 개발 mRNA 기반 백신 BNT162b2 - 임상 3상 중간 데이터에서 95% 예방 효과. 현재까지 심각한 안전성 문제 없음. - FDA 긴급 사용 승인(EUA) 획득
노바티스	1996년 합병/스위스	US $211.15B (약 229조 원)	**주요 제품** - 자카피(항암제), 키스칼리(항암제), 킴리아(항암제), 피크레이(항암제), 졸겐스마(척수성 근위축증), 코센틱스(자가 면역), 엔트레스토(심혈관) **코로나19 제품 현황** - 자카비 및 하이드록시클로로퀸 등 임상 실패
로슈	1896년/스위스	US $292.85B (약 317조 원)	**주요 제품** - 허셉틴(항암제), 아바스틴(항암제), 퍼제타(항암제), 캐싸일라(항암제), 티센트릭(항암제), 악템라(자가 면역), 오크레부스(다발성 경화증) **코로나19 제품 현황** - 리제네론과 생산/상업화 파트너십 맺은 코로나 항체 칵테일 요법 - casirvimab+imdevimab이 미국 FDA 긴급 사용 승인 획득

존슨앤드존슨	1886년/미국	US $421.04B (약 458조 원)	**주요 제품** - 다잘렉스(항암제), 임브루키카 (항암제), 스테랄라(자가 면역), 트 렘피아(자가 면역) **코로나19 제품 현황** - 아데노 바이러스 벡터 기반 백 신 JNJ-78436735 임상 3상 재 개(데이터 발표 2021년 1분기 예상), 기대 효능 : 약 70%
아스트라제네카	1999년 합병/영국	US $134.16B (약 145조 원)	**주요 제품** - 타그리소(EGFR 비소세포 폐암), 린 파자(PARP 난소암), 임핀지(PD-1 면 역 항암제), 칼큐엔스(BTK 혈액암) **코로나19 제품 현황** - 코로나19 백신 AZD1222 : 중간 데이터, 예방 효과 0.5dose+1dose군 90%, 1dose+1dose군 62%, 평균 70% 데이터 도출. 본격 바이알 생산 돌입. - 전 세계 수억 도즈 백신 공급
머크	1891년/미국	US $208.42B (약 226조 원)	**주요 제품** - 키트루다(항암제), 린파자(항암 제), 렘비마(항암제), 브리디온(항 암제) **코로나19 제품 현황** - 코로나19 백신 V591 : 임상 1상 진행 중 - RNA바이러스 복제 억제 경구 형 항바이러스제 : pivotal 임상 2/3상 2건 진행 중

브리스톨 마이어스 스큅	1887년/미국	US $139.42B (약 151조 원)	**주요 제품** - 옵디보(면역 항암제), 엘리퀴스(항응고), 오렌시아(자가 면역), 여보이(항암제), 레블리미드(항암제) **코로나19 제품 현황** - 해당 사항 없음
일라이 릴리	1876년/미국	US $157.18B (약 171조 원)	**주요 제품** - 트룰리시티(당뇨), 탈츠(자기 면역), 버제니오(항암제), 레테브모(항암제), 레이보우(편두통), 리움제브(당뇨) **코로나19 제품 현황** - bamlanivimab : 코로나19 항체 의약품. 경증 및 중등 코로나19 환자 대상 긴급 사용 승인 획득. 렘떼시비르, etesevimab과 병용 요법 임상 중 - bariticnib : JAK 타깃 자가 면역 질환 치료제. 길리어드 렘데시비르와 병용 요법으로 긴급 사용 승인 획득

화이자의 비아그라

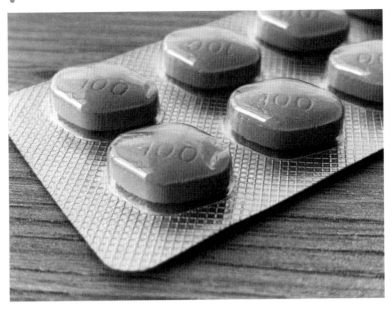

바이오 기업의 청약 열기는
왜 그렇게 뜨거웠을까?

Bio

뇌전증 치료제를 앞세운
SK바이오팜의 공모주 청약의 비밀

SK바이오팜은 2011년 4월 SK주식회사의 라이프 사이언스 사업 부문이 물적 분할되면서 신설된 법인으로 신약의 연구 개발 등을 주력 사업으로 영위하는 기업이죠. 2020년 7월 코스피 시장에 상장되기 전부터 역대 최고 청약 증거금 등을 달성하면서 엄청난 인기를 끌었습니다. 상장 첫날 공모가였던 49,000원의 두 배인 98,000원에 시초가가 형성되었고 장이 시작되자마자 1초 만에 상한가를 치는가 싶더니 127,000원에 장이 마감되었습니다. 거래 셋째 날에는 주가가 무려 214,500원까지 상승하기도 했었죠.

사실 SK바이오팜은 2019년 11월 뇌전증 치료제 엑스코프리를 미국 식품의약국(FDA)의 품목 허가를 받음으로써 스스로의 힘으로 미국에서 임상을 마치고 허가까지 받은 최초의 국내 회사가 되었습니다. 엑스코프리는 5번째로 FDA의 허가를 받은 국산 신약이지만 다른 신약과는 달리 상업화는 물론이고 블록버스터 의약품(연매출 10억 달러 이상)이 될 가능성이 매우 높다고 합니다. 예전에 SK케미칼이 오스트레일리아의 글로벌 제약사인 CSL에 기술 이전한 혈우병 치료제도 CSL이 후속 임상을 통해 허가를 받은 적이 있고, LG생명과학에서 개발한 항생제 팩티브 역시 글락소스미스클라인(GSK)에의 기술 이전을 통해 FDA의 허가를 받고 출시한 적은 있었습니다. 하지만 우리나라의 기업이 스스로의 힘으로 끝까지 가서 출시를 한 것은 SK바이오팜이 처음이었던 것입니다.

이 말은 SK바이오팜에는 앞으로도 끝까지 갈 수 있는 역량이 있다는 의미입니다. 따라서 투자자들의 많은 기대를 받게 되었고 또 한 가지 SK바이오팜의 공주주 청약에 열풍이 분 이유는 공모할 때의 가격이 쌌기 때문입니다. 가격이 투자자 입장에서 볼 때도 합리적이었던 거죠. 왜 합리적이었을까요? 누구나 마찬가지겠지만 특히 국내 대기업의 경우 대중들에게 욕을 얻어먹기 싫어합니다. 그래서 너무 비싸게 가격이 책정되지 않았던 것입니다. 그렇게 대기업의 사회적

책임 등등의 이슈로 인해 공모할 때의 가격이 합리적이었던 점과 대한민국 최초로 임상 3상을 마치고 FDA의 허가를 받았다는 요소가 합쳐지면서 열풍이 불게 된 것입니다.

투자자에게는 다행스럽게도 2021년 1분기 매출액은 1,400억 원 영업 이익 759억 원을 냈다고 합니다. 2020년 7월 상장 이후 첫 분기 기준 흑자인 것입니다. 이는 뇌전증 신약 엑스코프리의 글로벌 진출 확대에 힘입은 것으로 엑스코프리의 연간 매출액이 지난해에 비해 3~4배 뛸 것이라는 관측도 있습니다.

국산 의약품의 미국 FDA 신약 허가 현황

제품명	개발사	적응증	허가 시기
팩티브	LG화학	항생제	2003년
시벡스트로	동아에스티	항생제	2014년
앱스틸라	SK케미칼	혈우병	2016년
수노시	SK바이오팜	수면 장애	2019년
엑스코프리	SK바이오팜	뇌전증	2019년

코로나19 백신 치료제를 앞세운
SK 바이오사이언스 공모주 청약 스토리

SK바이오사이언스도 그렇고 셀트리온도 그렇고 삼성바이오로직스도 그렇고 이 세 곳은 모두 CMO 비즈니스로 출발했습니다. 지금도 다 하고 있고요. CMO란 Contract Manufacturing Organization의 준말로 생산 대행 기업이라는 뜻입니다. 한국 기업이 용역 서비스 계약에 따라 외국 기업의 제품을 대신 만들어주는 거죠. 대신 만들어주는 일이 뭐가 그리 중요하냐 생각할 수도 있겠지만 바이오 쪽에서의 CMO는 조금 다릅니다. 공산품은 중국에서 만들건 인도네시아에서 만들건 베트남에서 만들건 또 상품에 약간의 하자가 있어도 사용할 수 있습니다. 하지만 바이오 의약품은 몸속에 들어가기 때문에 작은 하자도 있으면 안 됩니다. 당연히 매뉴얼대로 정확히 제조해야 됩니다. 그리고 숙련된 인력이 필요합니다. 숙련된 인력이 매뉴얼대로 만들어야 하는 게 의약품입니다. 물론 중국의 CEO도 외국의 유수한 대학을 나온 분들이 많습니다. 그분들이 공장 현장에 있을 때는 제품이 정확히 생산됩니다. 하지만 CEO가 사라지면 그렇지가 않습니다. 현장 인력이 매뉴얼대로 만들지 않고 자기들 마음대로 만드는 거죠. 미국도 크게 다르지 않습니다. 대학을 나온 우수한 인력은 현장에서 일하는 경우가 별로 없습니다. 그러다 보니 현장 인력은 업

무를 처리하는 속도 자체가 너무 느리고 숙련 정도도 약한 거죠. 그런 면에선 우리 대한민국이 1등이죠. 무엇보다 매뉴얼대로 제대로 따라 할 수 있는 나라가 많지 않습니다. 그런 까닭에 결함이 조금이라도 있으면 안 되는 고부가가치 CMO 비즈니스는 한국에 굉장히 적합하다고 할 수 있습니다.

반면 물량을 많이 생산하는 저부가가치 CMO는 이제 한국에 맞지 않죠. 사실 굉장히 고가에 흠결이 있으면 안 되는 제품을 대신 만들어주는 것은 무척 좋은 비즈니스라고 할 수 있습니다. 물론 미국도 만들 수는 있습니다. 하지만 미국에서는 공장을 리스크라고 생각합니다. 회사가 어려워지면 공장을 팔아야 하는데, 팔기도 어렵고 한편으로는 종업원도 유지해야 되니까요. 그래서 애플 같은 곳도 공장이 없고 최대한 공장을 안 만드는 게 그런 이유 때문입니다. 그러니 우리에게 기회가 있는 거죠. 예전에 셀트리온 서정진 회장님을 만났을 때 그분도 그런 이야기를 하셨습니다. CMO 관련 바이오시밀러 공장을 만드는 데 우리나라처럼 빠른 속도로 잘 만들 수 있는 나라가 없다고 하시더군요. 일단 공장 자체를 잘 만들고 그 공장에 들어가는 인력들이 매뉴얼대로 잘한다는 것이었습니다. 그게 셀트리온의 힘이었고 삼성바이오로직스의 힘이었고 SK바이오사이언스의 힘이라고 저는 생각합니다.

10여 년 전 SK바이오사이언스는 안동에 백신 공장을 새로 지었습니다만 아스트라제네카나 노바백스 같은 글로벌 제약사들이 '공장 유지하기 힘들 테니 나라도 일감을 줘야겠다.'하는 생각에 일을 맡기는 걸까요? 전혀 그렇지 않습니다. 경쟁력이 있으니까 일감을 따오는 겁니다. 또 이런 것도 있습니다. 아시는 대로 SK바이오사이언스는 아스트라제네카의 제품도 생산했고 노바백스의 제품도 생산한 경험이 있습니다. 만약 화이자나 BMS가 백신을 급하게 더 생산해야 된다고 하면 미국에 새로 공장을 지을까요? 그렇게는 상상하기 어렵습니다. 그럼 누구를 찾을까요? 아마도 SK바이오사이언스를 찾을 겁니다. 아스트라제네카 제품과 노바백스 제품을 만든 경험이 있으니까요. 한국은 이미 숙련된 인력이 갖춰져 있고 없더라도 3개월만

훈련시키면 숙련된 인력이 되는 나라입니다. 그러므로 CMO 비즈니스만으로도 SK바이오사이언스는 잘될 가능성이 높은 회사인 거죠. 그리고 SK바이오사이언스가 신약 개발을 하고 있는 것들이 꽤 있습니다. 코로나 백신도 개발하고 있고요. 그것들도 잘되리라 예상합니다.

❖ 셀트리온 1공장 전경

글로벌 제약사를 대상으로 한 국내 업체의 기술 이전 사례

제약사	체결일 및 파트너	적응증/임상 단계	마일스톤/계약금
LG생명과학	2007년 11월 7일 길리어드	간질환 치료제/ 전기 임상 2상 진행 중	2억 달러/ 2,000만 달러
메디프론	2010년 1월 19일 로슈	치매/ 전임상 중	2.9억 달러
메디톡스	2013년 9월 26일 앨러간	보톡스/ 호주 임상 2상 완료	3.62억 달러/ 6,500만 달러
SK케미칼	2014년 3월 19일 사노피 파스퇴르	폐렴 구균 백신/ 공동 개발 및 판매 계약	500억 원/ 250억 원
한미약품	2015년 3월 19일 일라이 릴리	류마티스 관절염/ 임상 1상 완료	6.9억 달러/ 5,000만 달러
한미약품	2015년 7월 28일 베링거인겔하임	폐암/ 국내 임상 2상 중	7.3억 달러/ 5,000만 달러
한미약품	2015년 11월 5일 사노피	당뇨/ 전임상, 임상 1상, 임상 2상	39억 유로/ 4억 유로
한미약품	2015년 11월 9일 얀센	당뇨 및 비만/ 임상 1상 마무리	9.15억 달러/ 1.05억 달러
한미약품	2016년 9월 29일 제넨텍	항암/ 국내 임상 1상 중	9.1억 달러/ 8,000만 달러
동아에스티	2016년 12월 28일 애브비	면역 항암제/ 후보 물질 탐색	5.25억 달러/ 4,000만 달러
유한양행	2018년 11월 3일 얀센	폐암/ 임상 2상	12.55억 달러/ 5,000만 달러
유한양행	2019년 1월 6일 길리어드	비알콜성 지방간염/ 후보 물질	7.85억 달러/ 1,500만 달러

레고켐바이오	2019년 3월 22일 밀레니엄 (다케다 자회사)	항암(3개 타깃)/ 전임상	4,549억 원/ 81.6억 원
유한양행	2019년 7월 1일 베링거인겔하임	비알콜성 지방간염/ 전임상	8.7억 달러/ 4,000만 달러
브릿지바이오	2019년 7월 17일 베링거인겔하임	특발성 폐섬유증/ 임상 1상	11억 유로/ 4,500만 유로
알테오젠	2019년 11월 29일 글로벌 10대 제약사	SC 전환 기술/ 원천 기술	1.6조 원/ 153억 원
알테오젠	2020년 6월 24일 글로벌 10대 제약사	SC 전환 기술/ 원천 기술	4조 6,770억 원/ 194억 원
한미약품	2020년 8월 4일 머크	NASH/ 비만으로 임상 2상 완료	8.7억 달러/ 1,000만 달러

제9장 바이오 기업의 청약 열기는 왜 그렇게 뜨거웠을까?

바이오에
어떻게 투자해야 할까?

Bio

바이오 기업을 분석할 때
가장 먼저 봐야 하는 것은 무엇인가?

구체적인 분석을 어떻게 하라고 말하기 전에 먼저 제가 말씀드리고 싶은 것은 너무 어려운 기술을 개발하는 곳은 투자에 신중을 기하라는 것입니다. 신약을 제조하는 회사를 예로 들자면 불면증 같은 것은 치료하기 쉬워 보입니다만 결코 쉽지 않습니다. 그런 까닭에 저는 어딘가에서 불면증 치료제를 만든다고 하면 걱정이 앞서죠. 불면증 약 외에 살 빼는 약도 그렇고요. 부작용 없이 살을 뺄 수 있는 방법은 사실 없는 것이나 마찬가지니까요. 또 사람들이 나이가 마흔 후반이 되면 안구 건조증이 생깁니다. 슬프지 않은데 바람만 불어도 눈물이 나는 것은 갱년기 때문이 아니라 안구 건조증이 온 거죠. 이

안구 건조증 역시 해결하기가 쉽지 않습니다. 그런 까닭에 너무 어려운 기술에 도전하는 기업에 투자하기는 조금 부담이 되죠. 두 번째는 경쟁자가 많이 있는 분야는 그 많은 경쟁자를 이기기가 쉽지 않은 만큼 투자 역시 부담이 됩니다.

그리고 구체적인 분석 면에서 제가 가장 중요하게 생각하는 부분은 특허입니다. 그 회사에 특허가 얼마나 많은가가 중요하죠. 그리고 두 번째는 그동안 만들어놓은 데이터입니다. 쥐를 이용한 데이터, 개를 이용한 데이터, 원숭이를 이용한 데이터, 시험관 데이터까지 미래를 얼마나 잘 예측할 수 있는 데이터를 가지고 있느냐가 중요합니다. 그리고 세 번째가 가장 중요합니다만 바로 경영진입니다. 특히 경영진의 트랙 레코드를 살필 수 있으면 바람직하겠죠. 트랙 레코드를 살피라는 말은 예를 들자면 유한양행이나 동아, 한미, LG 아니면 화이자든 GSK든 노바티스든 그런 곳에서 신약을 개발한 성공 스토리가 있는지, 진단 제품을 만든 성공 스토리가 있는지, 수술 로봇을 만든 성공 스토리가 있는지를 살펴보라는 말입니다. 한번 성공한 사람이 또 성공할 확률이 높으니까요.

그리고 경영진을 살펴볼 때 두 번째로 주의해야 할 부분은 바로 겸손한 리더십입니다. 겸손한 리더십이란 말은 제가 만든 표현이긴

합니다만 신약을 개발하는 데는 통상적으로 10년씩 걸린다고 합니다. 성공할 확률이 무척 낮은 거죠. 게다가 아무리 뛰어난 사람이라 할지라도 혼자 개발할 수는 없습니다. 어떤 경영진이 아무리 뛰어난 PK 전문가라고 할지라도 천재 임상 전문가라 할지라도 무슨 일이든 혼자 할 수는 없습니다. 주변의 몇 사람과 힘을 합쳐 해야 하죠. 그것도 오랜 기간 동안요. 당연히 다른 사람과 오랫동안 관계를 맺어야 하기 때문에 겸손한 리더십이 필요한 것입니다. 결론적으로 경영진에 트랙 레코드도 있고 겸손한 리더십이 있는 사람이 포함되어 있다면 투자했을 때 성공으로 이어질 확률이 높다는 것입니다. 물론 거기에 커뮤니케이션 능력까지 있으면 더욱 좋겠죠. 투자자에게 합리적으로 설명할 수 있어야 하니까요. 그런 까닭에 사람이 제일 중요하다고 볼 수 있습니다. 또 한 가지 살펴야 할 것은 그 회사의 팀워크입니다. 퇴직자가 얼마나 있는가, 초기에 합류했던 사람이 어떤 속도로 떠나고 있는가 등입니다. 큰 성공을 거둔 다음에 떠나는 것이야 어쩔 수 없지만 그렇지 않다면 경영진의 리더십에 뭔가 문제가 있다는 뜻이겠죠.

주요 제약사 2021년 1분기 외부 투자 현황

기업명	투자 대상	최초 취득 금액
유한양행	에스엘백시젠	30억 원
일동제약	아보메드	60억 원
한독	웰트	30억 원
동화약품	넥스트바이오메디컬	40억 원
	고릴라앤코어컨텐츠	10억 원
동아에스티	노벨티노빌리티	10억 원
GC녹십자	포휴먼라이프	64억 원
에스티팜	피노바이오	15억 원

바이오 기업의 재무제표에서
1픽으로 검토해야 하는 것들

바이오 기업들의 재무제표를 본 적이 있는 분들이라면 공감하시 겠습니다만 일반적인 관점에서는 정말 황당한 경우가 많습니다. 일단 매출액이 0원인 경우도 많고 작년, 재작년, 올해까지 계속 적자고 내년, 내후년까지 계속 적자가 예상되는 경우도 있습니다. 하지만 제 생각에 가장 중요한 것은 회사에 현금이 얼마나 있는가 하는 것입니다. 적자는 당분간 계속된다 하더라도 연구 개발을 하려면 돈이 있어야 하죠. 그러므로 회사에 돈이 6개월 치가 있는지, 2년 치가 있는지 살펴봐야 합니다. 최소 1년 치는 있어야 연구 개발을 할 수 있을 테니까요. 어쩌면 가지고 있는 돈이 자본 총계일 수도 있습니다. 물론 바이오 기업은 부채도 그다지 많지 않습니다. 그러므로 자본 총계가 얼마냐, 얼마나 버틸 수 있느냐 그런 사항이 중요합니다.

두 번째는 개발비+경상 연구 개발비가 매년 어떻게 변하는가를 살펴보는 일이 중요합니다. 개발비는 자산에 속하는 항목이고 경상 연구 개발비는 비용에 속합니다만 개발비와 경상 연구 개발비를 더하면 이 회사가 작년에는 연구 개발에 얼마를 썼고 올해는 얼마를 썼는지 보입니다. 예를 들어 개발비와 경상 연구 개발비를 더한 금액이 재작년에는 7억 원이 나왔지만 작년에는 1억 5,000만 원이었고 올해는 8,000만 원밖에 쓰지 않았다면 그 기업은 연구 개발을 하지 않고 있다는 뜻입니다. 바이오 기업에 대한 투자는 기본적으로 그 회사가 미래에 잘할 것이라는 전제하에 이루어집니다. 돈이 아예 없어도 곤란하지만 꾸준히 연구 개발을 하는지 연구 개발비가 늘어나고 있는지도 중요합니다.

세 번째는 퇴직 급여 충당금입니다. 이 자료를 잘 살펴보면 이 회사의 직원이 얼마나 빨리 떠나는지를 알 수 있습니다. 연구 개발을 해야 하고 장기간에 걸쳐 뭔가를 해야 되는데 직원들이 자꾸 이탈하면 당연히 성공 확률이 떨어집니다. 이런 상황들이 재무제표를 볼 때 유의해서 봐야 할 부분이겠죠.

❖ 약품 유형별 연구 개발비의 자산화가 가능한 단계

유형	자산화 가능 단계	설정 근거
신약	임상 3상 개시 승인	- 장기간 다수의 환자를 대상으로 시험약의 안정성, 약효에 대한 검정을 거치지 않은 상태(임상 3상 개시 승인 이전)에는 일반적으로 자산 가치의 객관적 입증이 어려울 것으로 판단됨 - 미국의 제약 및 바이오 업계 통계에 따르면 최근 10년간 임상 3상 개시 승인 이후 정부 최종 승인율이 약 50%
바이오시밀러	임상 1상 개시 승인	- 정부가 오리지널 제품과의 유사성 검증 자료를 확인하지 않은 상태(임상 1상 개시 승인 이전)에는 일반적으로 자산 가치의 객관적 입증이 어려울 것으로 판단됨 - 미국의 연구 결과, 임상 1상 개시 승인 이후 최종 승인율은 약 60%
제네릭	생동성 시험 계획 승인 - 오리지널 약품과 생체 이용률이 통계적으로 동등한지 검증	- 정부가 오리지널 약품과의 화학적 동등승 검증 자료를 확인하지 않은 상태에서는 일반적으로 자산 가치의 객관적 입증이 어려울 것으로 판단됨
진단 시약	제품 검증 (허가 신청, 외부 임상 신청 등)	- 외부의 객관적인 제품 검증이 없는 상태에서는 일반적으로 자산 가치의 객관적 입증이 어려울 것으로 판단됨

2021년 하반기 이후
바이오 산업에서의 굵직한 모멘텀은?

진단 제품 제조사의 경우 작년과 올해 초까지 코로나19 진단 키트로 많은 돈을 벌었습니다. 그 기업들이 그렇게 확보한 유통망과 자금을 가지고 원래 자신들이 가지고 있던 제품 또는 신규 제품을 위해 어떤 모멘텀을 만들어가는가가 중요하다고 생각합니다. 그런 까닭에 유통 채널을 넓혀서 원래 가지고 있던 진단 제품을 더 많이 파는 것도 중요할 것이고 수출하는 것도 좋겠죠. 또 신약 개발에 뛰어들 수도 있을 것이고요.

우리나라에서 플랫폼 기술을 보유한 바이오 기업을 꼽자면 가장 먼저 레고켐바이오사이언스라는 회사가 있는데 이 회사에는 ADC 링커/톡신 플랫폼이라는 것이 있습니다. 이 플랫폼 기술에 대한 임상 에비던스가 2021년에는 나올 것인데 이는 한국에도 플랫폼 기술을 가진 바이오 회사가 등장했다는 사실에서 주목할 만합니다. 또 화이자나 모더나가 코로나19 백신 개발에 사용한 mRNA 방식의 플랫폼을 가지고 있는 아이진, 에스티팜 같은 회사가 무엇을 보여주느냐도 무척 중요할 것 같습니다. 아마도 2022년이 되면 코로나19는 상당 부분 해결될 테니 그때 이후에는 다시 신약의 중요성이 부각될 겁

제10장 바이오에 어떻게 투자해야 할까?

니다. 신약 개발에 대한 기술 이전이든 컬래버레이션이든 그런 성과를 내는 것이 중요하죠. 이러한 것들이 중요한 모멘텀이 되지 않을까, 이렇게 생각됩니다.

✦ 레고켐바이오의 톡신 플랫폼 구조

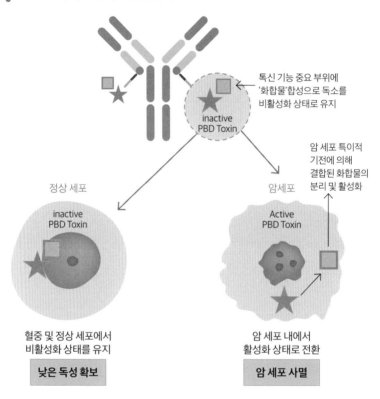

톡신 기능 중요 부위에 '화합물'합성으로 독소를 비활성화 상태로 유지

암 세포 특이적 기전에 의해 결합된 화합물의 분리 및 활성화

정상 세포

inactive PBD Toxin

암세포

Active PBD Toxin

inactive PBD Toxin

혈중 및 정상 세포에서 비활성화 상태를 유지

낮은 독성 확보

암 세포 내에서 활성화 상태로 전환

암 세포 사멸

바이오 시장에서 투자자는 어떤 마음으로 투자해야 하는가?

저는 두 가지를 강조하고 싶습니다. 앞에서도 설명했습니다만 좋은 바이오 회사는 겸손한 리더십이 있고 좋은 특허가 있고 커뮤니케이션을 잘하는 회사이니 이런 회사를 잘 골라서 투자하시라는 것입니다. 그리고 또 한 가지는 주가가 빠져도 너무 적정하지 마시라는 것입니다. 미국은 심지어 하루에 70~80%씩 빠지는 경우도 있습니다. 물론 그만큼 많이 오르는 경우도 있고요. 이는 미국의 경우입니다만 한국에서도 잘만 고르면 장기적으로 최소한 네 배 이상 수익을 얻을 수 있습니다. 저희 회사에서는 상장사를 투자하고도 네 배, 열 배씩 벌죠. 그런데 저희와 개인 투자자들의 차이가 무엇인지 아십니까? 저희는 오래 기다립니다. 한번 믿으면 끝까지 가는 것이죠. 그렇지만 개인 투자가분들의 경우 예를 들자면 2만 원에 투자했다가 만약 시장이 좋지 않으면 1만 2,000원까지 떨어지는 경험을 하시죠. 그럴 때 마음을 졸이다가 1만 9,800원에서 2만 200원 정도가 되면 대부분은 다 팔아버립니다. 겁이 나니까 말이죠. 그리고는 나중에 14만 원이 되면 내가 왜 그랬을까 하고 후회를 하고 말입니다. 그게 현실입니다. 레고켐바이오사이언스도 그랬습니다. 거의 다 그렇죠. 사실 사람들이 제게 어떤 종목을 투자하면 좋을지 물으면 저는 저희 회사가 투자를 하면 언론에서 보도가 된다. 단가도 다 보도되니 그때 투자하라고 말을 합니다. 저희가 기다릴 때는 기다리고요. 주가는 출렁거리니까요. 하지만 기다리는 사람은 한 분도 없죠.

다른 측면에서 말씀드리면, 투자에는 투자의 원칙이란 것이 있습니다. 작은 돈을 계속 모으라는 거죠. 그러니까 개인 투자자분들은 저희처럼 두 배, 세 배, 열 배, 벌려고 투자하지 마시고 뭐든 투자하시고 20%만 수익이 나면 다 회수하시는 게 좋습니다. 그리고 그 20%를 남겨놓는 거죠. 그 20%가 쌓인 것으로 목돈이 되면 그 돈으로는 리스크가 많은 회사에 왕창 투자하셔도 괜찮습니다. 혹시 그러다가 망하면 다시 20%를 먹는 게임으로 돌아가면 됩니다. 만약 20% 모은 자금으로 투자했더니 그게 두 배가 되었다. 그럼 그때 또 한 번에 왕창 투자해도 괜찮습니다. 단 원금 보존은 하면서 말이죠. 제발 원금 보존의 원칙은 좀 지켜주시면 좋겠습니다. 투자 전문가가 아닌 이상 팔자를 고치려고 주식에 투자하는 것은 위험합니다.

그러니까 첫 번째 드리고 싶은 말씀은 믿는 전문가가 있으면 따라 하시라는 겁니다. 끝까지 따라하시면 좋지만 그 전문가도 불안하다면 수익 20%를 모아서 그 돈으로 왕창 투자하시면 좋을 것 같습니다. 그랬다가 혹시 잃으시면 다시 원점으로 돌아와 20%를 모아야 하는 것이고요. 시간은 얼마가 걸려도 괜찮습니다. 5년 동안 20%씩 수익을 내서 1,000만 원만 되어도 괜찮습니다. 저희 앞엔 많은 시간이 있습니다. 일확천금을 노리지 마십시오. 이 말씀을 꼭 드리고 싶습니다.

또 한 가지, 많이 들으셨을 겁니다만 여윳돈이 있어야 합니다. 남의 돈을 빌려서 투자하면 인내할 수 없습니다. 불가능하죠. 그리고 여윳돈이란 없어질 수 있는 돈이라는 생각을 해야 합니다. 다 잃으셔도 괜찮다는 마음을 가지고 투자하시는 게 좋을 것 같습니다. 그리고 너무 다른 사람의 말을 믿지 마십시오. 투자를 할 때는 회사 홈페이지에 들어가서 올려놓은 각종 자료들도 좀 읽어보시고 유튜브가면 또 참고할 자료가 많습니다. 그런 것들을 보시고 3년에 하나만 발굴하겠다는 생각으로 투자를 하셨으면 좋겠습니다.

그리고 가치 투자의 기준은 저는 개인적으로 딱히 없다고 생각합니다. 흔히 가치주와 성장주라는 표현을 많이 하고 가치 투자가 정답이라는 식으로 많이 생각합니다만 지금은 점차 성장의 시대가 되고 있다고 생각합니다. 산업과 기술이 과거보다 더 빨리 변하는 거죠. 그런 만큼 저평가된 가치주를 발굴해서 오래 가지고 있는 것보다 새로운 기술에 배팅해야 하는 시대가 된 것 같습니다.

마지막으로 당부 한 가지만 더 드리자면 저는 전 세계에서 대한

민국을 가장 무시하는 국가는 대한민국이라고 생각합니다. 대한민국은 객관적으로 봐도 믿을 만한 나라입니다. 우리 스스로가 자존감과 자부심을 가지고 성실하게 일한다면 진짜 전 세계 5등 안에 드는 날이 올 거라고 생각합니다. 미국을 제치고 1등을 한다는 말은 못 하겠습니다만 5등 안에 드는 날은 올 겁니다. 그러니 한국의 기술력을 믿고, 한국의 기업들을 믿고 가시면 좋을 것 같습니다.

❖ 상장된 주요 제약·바이오 기업의 주가 수익 비율(PER) 현황
(보통주 기본주당, 단위: 배, 원)

순서	기업명	PER	2021년 4월 23일 주식 종가	2020년 주당 이익
1	CMG제약	2,305	4,610	2
2	신풍제약	999	99,900	100
3	삼아제약	798	15,950	20
4	한미약품	369	367,500	997
5	신신제약	353	8,480	24
6	GC녹십자셀	266	43,300	163
7	셀트리온제약	252	147,500	585
8	한미사이언스	209	71,800	343
9	파미셀	204	17,750	87
10	한국파마	160	51,900	324
11	바이넥스	152	31,250	206
12	대웅제약	119	142,000	1,196

13	제넥신	103	118,000	1,149
14	제일약품	96	45,450	473
15	위더스제약	93	19.650	212
16	이연제약	92	20,700	226
17	현대약품	92	7,320	80
18	화일약품	87	4,780	55
19	셀트리온	75	288,000	3,825
20	유유제약	72	11,650	161

디지털 헬스케어는 코로나19가
쏘아올린 거대한 공이 될까?

Bio

아마존도 관심 갖는
디지털 헬스케어는?

아마존은 공룡 기업이고 구글도 마찬가지입니다. 실제로는 안 하는 게 없고 모든 곳에서 등장합니다. 대부분의 사람들은 아마존과 바이오가 어떤 관계가 있지? 하고 생각할 수 있지만, 아마존도 구글도 애플도 바이오를 합니다.

아마존의 내부 프로젝트는 자세히는 모르지만, 아마도 바이오와 관련된 모든 일들을 기획하고 진행하고 있을 것으로 생각됩니다. 아마존이 관심 갖는 바이오 영역 중에서 가장 주목해야 하는 것은 디지털 헬스케어 분야입니다. 디지털 헬스케어는 일종의 융합 바이오 영역입니다. 과거에 진단을 하고 건강 상태를 모니터링하였던 헬스케어와 IT분야가 융합된 것이죠.

예를 들어 당뇨 환자들은 하루에 몇 번씩 당 수치를 모니터링해야 하고, 두 달에 한 번 정도는 병원에 가서 당뇨 상태를 확인하고 약을 처방받는데요. 디지털 기술이 융합되어 이것을 실시간으로 측정하고 그 데이터를 병원의 의사가 확인하고 환자의 상태를 상시적으로 진단할 수 있습니다. 이런 자료를 바탕으로 환자에게 "운동을 더 하세요!", "식사량을 조절하세요.", "식단을 바꾸세요.", "약을 바꿔야 합니다." 하는 판단을 하게 됩니다.

파킨슨 환자의 예를 들어볼까요! 파킨슨 질환이 발병해도 그날부터 매일 병원에 입원해 있을 수는 없는 노릇이고, 설령 병원에 간다하더라도 의사와 간호사가 늘 옆에 붙어서 이 환자분만 보고 있을수는 없습니다. 하지만 환자의 질병이 어떤 속도로 진행되느냐에 따라서 약을 변경해서 처방해야 할 수도 있고, 수술을 해야 할 수도 있는데, 가끔씩 환자를 진료하면서 이런 선택을 하는 것은 매우 어려운 일이고, 제대로 진단하기도 어렵습니다.

하지만, 환자가 일종의 손목시계와 같은 것을 차고 있고, 그 손목시계를 통해 환자의 상태를 실시간으로 지속적으로 모니터링하게 되면 훨씬 더 정확하게 환자를 케어할 수 있게 됩니다. 실제로 이런 회사가 호주에 있고 미국에서 시장을 확대하기 위해 노력하고 있습니다.

구글이나 아마존과 같은 회사는 원래가 디지털 기반으로 사업을 확장해온 회사입니다. 이런 회사들이 디지털 플랫폼을 기반으로 환자나 건강인의 건강 상태를 상시적으로 체크해서 병의 징후를 미리 알아내거나 병이 생기지 않도록 이런저런 조언을 할 수 있게 하는 분야가 디지털 헬스케어입니다. 지금은 맥박이나 운동량, 체온 이런 정도를 모니터링하는 것이 일반적이지만 향후에는 기술 발전에 따라 어디까지 확장될지 모를 정도로 이 분야의 미래는 성장 가능성이 높습니다.

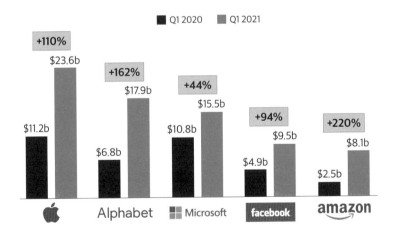

미국의 5대 빅테크 기업들의 2020년 1분기 VS 2021년 1분기 순이익
(자료: Statista)

디지털 헬스케어 시장의
현재 성장 단계는?

헬스케어란 말에는 규제란 뜻이 포함되어 있다고 하면 어떻게 받아들일지 모르겠습니다. 스마트폰과 간단한 키트를 이용해서 혈압을 측정할 수 있는데, 혈압 측정기는 의료 기기에 속하고, 의료 기기는 식약처의 감독하에 제작되고 활용되어야 합니다. 즉 규제를 받는 산업에 헬스케어가 포함됩니다.

과거에는 이러한 헬스케어 활동이 병원이나 일부의 경우 약국에서 진행되었고, 당연히 식약처의 관할하에 있는 제약 회사나 의료 기기 회사들만이 이런 활동에 참여했습니다. 그런데, 디지털 기술이 접목되면서 양상이 바뀌게 되었습니다. 삼성전자나 구글 같은 회사가 기존의 의료 기술에 빅데이터나 인공 지능, 디지털 기술 등을 융합하여 제품을 만들어내게 되었습니다. 제품을 주도하는 주체가 바뀌게 되었고, 병원이 아닌 일상생활에서 의료 기기를 활용하는 환경으로 변했습니다. 그래서 초기에 많은 논란이 있었고, 아직도 규제와 관련된 많은 논의가 진행 중입니다.

미국과는 달리 한국은 일정 부분 보수적 경향이 있는 것이 사실입니다. 환자의 건강과 생명권을 생각하면 당연하다고 할 수도 있지만, 다른 한편으로는 기술과 제품의 발전을 저해하는 요소이기도 합니다. 국내에서는 이런 문제를 점차적으로 해결하기 위해 규제 자유 특구를 지정하여 부작용을 최소화하려고 합니다.

하지만 업계에서는 한국의 규제 해소 속도가 느리기 때문에, 아예 미국이나 유럽에서 먼저 출시를 하려고도 합니다. 그렇다고 한국의 디지털 헬스케어 분야의 전망은 부정적이라고 할 수 있을까요? 그렇지 않습니다. 일전에도 언급한 것처럼, 한국은 디지털 분야에서 매우 우수한 연구 개발력 및 제품 생산 능력이 있습니다. 또 어마어마한 빅데이터를 가지고 있습니다.

아직은 주식 시장에서 주목받지 못하는 기업들도 또는 현재 개발하고 있는 기술들도 머지않아 글로벌 기업들의 관심을 갖게 될 것이 분명합니다. EMR 등을 기반으로 디지털 의료 서비스를 영위하는 기업들에서(비트컴퓨터, 유비케어, 레이, 인피니트헬스케어 등), 인공 지능을 활용하여 진단의 정확도를 최고 수준으로 높이는 기업들까지(뷰노, 루닛 등) 모두 글로벌 경쟁력을 가지고 있습니다.

원격 의료와 디지털 헬스케어, 의료용 인공 지능, 빅데이터 등은 따로 따로 분류하기가 어려울 만큼 서로 연결되어 있습니다. 어떤 분야에 속하냐의 문제가 아니라, 어떤 제품과 기술을 가지고 세상의 미충족 수요를 맞추냐가 중요할 것입니다.

젠큐릭스라는 회사가 있습니다. 이 회사는 일반적인 코로나 진단 키트도 만들지만, 원래는 동반 진단 기술로 출발한 회사입니다. 동반 진단은 치료와 동반되는 진단이라는 의미입니다. 어떤 사람의 가족들이 간암의 가족력이 있다고 가정해보죠. 이분은 '늘 나도 간암이 생길 수 있는데⋯' 하면서 불안해합니다. 매년 건강 검진을 받으면서 초음파 등 영상 진단을 하면서도 불안해합니다. 암 조직이 육안으로 보일 정도가 되면 이미 상당 부분 진행이 된 것이기 때문이죠. 하지만 육안으로 보이기 전부터 그 징후를 알 수 있다면 어떨까요? 또는 간암이 발병한 이후에 어떤 항암제로 치료를 해야 부작용은 최소화하고 생존 기간을 늘릴 수 있는 것으로 미리 알 수 있다면 어떨까요? 젠큐릭스라는 회사는 바로 이러한 분야에서 성과를 내고 있고, 이미 출시한 제품도 있습니다. 이 회사는 이 기술을 개발하기 위해 인공지능, 빅데이터, 디지털 기술과 함께 기존의 유전자 분석 및 진단 기술을 모두 활용하고 있습니다.

디지털 헬스케어의 분야는 매우 다양하고 그 확장성도 매우 큽니다. 대한민국의 여러 기술들이 글로벌하게 각광을 받을 날도 얼마 남지 않은 것 같습니다. 이런 회사들의 지금 주가가 주목받지 못한다면, 지금이 오히려 투자에 대한 적기라고 생각할 수 있지 않을까요?

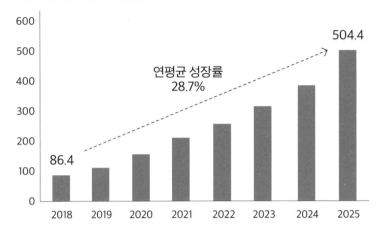

글로벌 디지털 헬스케어 시장 규모 전망
(출처: 글로벌 마켓 인사이트, 단위 USDbn)

연평균 성장률
28.7%

86.4

504.4

제11장 디지털 헬스케어는 코로나19가 쏘아올린 거대한 공이 될까?

주목받지 못한 글로벌 의료 기기 시장의 성장은 지금부터?

코로나19 검사 방법으로 대표되는
PCR이라는 것은 과연 무엇인가?

언제인가부터 PCR(Polymerase Chain Reaction) 검사라는 말은 병원이나 연구실뿐만 아니라, 일반인들도 다 아는 용어가 되었습니다. 1983년도에 고안된 이 방법은 실제로는 얼마 되지 않은 핵산(DNA, RNA)의 양을 증폭시키는 유전공학적 기법입니다. 우리가 바이러스에 감염되어 열도 나거나 근육통이 있다 하더라도 실제로 우리 몸에 있는 바이러스의 양은 극히 소량입니다. 그 소량의 바이러스 속의 RNA를 확인하기 위해서는 PCR이라는 방법으로 그 양을 증폭시켜야 합니다. 최근의 코로나 바이러스 검사는 콧속 깊숙이 면봉을 넣어서 시료를 채취한 후에 PCR이라는 반응을 이용하여 그 RNA의 양을 늘

려서 우리의 몸이 바이러스에 감염되었는지를 확인하는 것입니다.

실제로 바이러스에 감염되었다 하더라도 그 양이 너무 적은 경우에는 검출되지 않는 경우도 존재합니다. 그래서 2~3번씩 검사를 반복하여 확인을 하는 경우도 있는 거죠. 이 반응을 이용하여 키트를 만드는 방법은 사실은 의료 기기 업계에서는 일반적인 기술에 해당합니다. 작년부터 어떤 나라에서는 이 검사를 제대로 하지 못하지만 한국은 하루에도 수만 건 이상의 검사가 가능하다고 하는 보도가 나옵니다. 이는 PCR 검사법이 특별해서라기보다는 한국에서는 일반적인 검사 인력들이 이 정도의 검사 수준에는 매우 익숙해져 있는 반면, 일부 나라에서는 인력들의 숙련도도 낮고, 검사하는 장비도 부족하기 때문입니다.

❖ 식약처에서 열린 신기술 신성장 의료 기기 업계 간담회

하여간 코로나가 발병한 2020년부터 이 PCR 진단 키트로 대한 민국의 수십 개 진단 기업이 글로벌 기업과 국가로부터 주목을 받게 되었습니다. 한국의 기업들은 코로나 이슈 발생 초기부터 신속하게 제품을 만들었고, 이를 전 세계에 공급하여 코로나 확산 방지에 큰 기여를 했습니다. 최근에 크게 주목받는 회사는 SD바이오센서라는 기업인데, 이 회사의 2021년 1분기 매출액이 1조 1,000억 원을 넘었고, 영업 이익도 5,700억을 상회한다고 합니다. 우리나라 의료 기기 기업의 분기당 매출이 1조 원을 넘는 것도 놀라운 일이지만 영업 이익이 50%에 육박한다는 점도 놀라운 일이라 할 수 있습니다. 코스닥에 상장된 피씨엘이라는 기업은 2019년의 경우 연간 매출액이 4,000만 원에도 미치지 못하였는데, 가지고 있던 내재 기술을 바탕

씨젠의 코로나19 진단 키트

으로 2020년에는 영업 이익 257억 원을 기록하면서 영업 이익률이 48%에 달하는 경이적인 성장을 보여주었습니다.

그 이외에도 휴마시스, 진매트릭스, 바디텍메드,

젠큐릭스 등이 코로나 진단 키트로 해외 진출이라는 쾌거를 이루었습니다. 그렇다면, 전 국민이 또는 주요 국가들의 백신 접종이 모두

끝나게 되면 이들 회사의 운명은 어떻게 될까요? 이는 코로나 진단 키트 수요가 작년처럼 지속적으로 유지된다는 가정을 제외하고 생각해야 할 것입니다. 이들 회사들이 과거에 비해 달라진 점은 무엇일까요?

첫 번째로 글로벌 진출에 대한 자신감을 갖게 되었다는 것입니다. 과거에는 유럽이나 미국의 기업들만 글로벌에서 유통을 하고 글로벌 국가를 대상으로 영업을 할 수 있다고 생각했던 기업들이 한국의 작은 기업들도 충분히 가능하다는 자신감을 갖게 되었습니다.

두 번째로 이들 기업들이 제대로 된 유통망을 알게 되었고, 접근이 가능해졌다는 것입니다. 해외의 기업들이 '대한민국의 기업들은 코로나 진단 키트만 잘 만들 거야!'라고 생각할까요? 아닙니다, 오히려 '코로나 진단 키트를 저렇게 정확하고 대량으로 만들 수 있다면 다른 진단 제품도 믿을 수 있어.'라고 생각할 가능성이 높습니다. 이들 글로벌 기업들의 유통망을 대상으로 기존의 제품들에 대해 또는 신제품에 대해 마케팅을 하고 영업을 할 수 있을 것입니다.

세 번째로는 이들 대부분의 회사들이 자금력이 생겼다는 것입니다. 회사에 제대로 된 연구 인력이 있고, 자금력이 있다면 새로운 시도를 공격적으로 할 수 있게 됩니다. 바디텍메드라는 회사는 최근에 류머티즘 관절염 등 자가 면역 질환을 앓는 환자들이 치료를 위

바디텍메드의 휴대용 면역 분석기

해 사용하는 항체를 피 한 방울로 수십 분 내에 진단하는 장비를 개발했습니다. 아마 이 항체를 마케팅하는 전 세계의 기업들과 협업이 가능할 것입니다. 또 진매트릭스는 기존의 감염성 질환 진단 키트 사업을 확장하는 것 이외에도 새롭게 백신 치료제 개발을 시작한다고 합니다. 이처럼 코로나 진단 키트로 성장한 기업들의 다양한 전략들을 보면서 개인의 취향에 맞게 투자처를 고르는 재미도 앞으로는 기대됩니다.

암 병동의 필수품이다. 면역 진단 기기는?

면역 진단 기기는 한마디로 면역 반응을 이용하여 진단하는 의료 기기입니다. 면역 반응은 다른 말로 항원 항체 반응이라고도 하죠. 우리의 몸에 어떤 항원이 생겼다면(외부 물질이 들어왔다면), 우리의 몸은 이에 대응하기 위해 자연스럽게 항체를 만들어내게 됩니다. 어떤 외부 물질(병원균이나 바이러스)이 들어왔냐에 따라 다른 항체가 만들어지게 되고 이를 진단하여 우리의 몸이 어떤 상태에 있는지를 알 수 있게 되는 거죠.

암이라는 것이 우리의 몸에 있지만, 실제로는 원래 우리 몸을 구성하는 성분과는 다른 특징을 가진 것으로 이 암의 항원에 대한 항체를 통해 우리가 어떤 암에 걸렸는지를 진단할 수도 있습니다. 앞으로 코로나 백신을 맞는 사람들이 늘어나면 많은 사람들이 자신에게 코로나 바이러스를 대항할 수 있는 항체가 생겼는지 궁금할 것입니다. 이 항체를 측정하기 위해서 우리는 코로나 백신 항체 검사용 면역 진단 기기를 사용하게 될 것입니다. 앞으로 코로나 진단 키트와 관련해서도 각 기업들의 항체 검사 키트가 어떤 성능을 발휘하고 어떻게 그 회사들의 성장에 기여하는지를 살펴보는 것도 투자자의 관점에서는 재미있을 것이라 생각합니다.

분자 진단, 항원 면역 진단, 항체 면역 진단의 비교

	분자 진단	항원 면역 진단	항체 면역 진단
진단 대상	바이러스 염기 서열	바이러스 항원	체내 항체
진단 원리	유전자 증폭	항원-항체 반응	항원-항체 반응
검출 시기	무증상 단계부터 진단 가능	증상 발현 이후	증상 발현 7일 이후

검체	상기도 검체(콧구멍 깊숙이 면봉 삽입과 목구멍 안쪽 벽의 분비물 채취)	상기도 검체(콧구멍 깊숙이 면봉 삽입과 목구멍 안쪽 벽의 분비물 채취)	소량의 혈액
소요 시간	약 6시간 내외	약 15분 내외	약 15분 내외
장비 유무	고가의 장비 필요	소형의 저렴한 장비나 신속 진단 키트의 경우 장비가 필요하지 않음	소형의 저렴한 장비나 신속 진단 키트의 경우 장비가 필요하지 않음
민감도	95% 이상	50~70%가 일반적이나 최근 코로나19 팬데믹 이후 90% 이상 민감도를 보유한 진단 키트 개발	95% 이상
특이도	95% 이상	50~70%가 일반적이나 최근 코로나19 팬데믹 이후 90% 이상 민감도를 보유한 진단 키트 개발	95% 이상
특징	현재 가장 일반적으로 사용되고 있는 코로나19 진단법으로 검사 비용이 높으나 정확도가 매우 높음	의심 환자 대량 발생 시 비교적 저렴한 비용으로 분자 진단법과 병행해 신속한 육안 진단 가능	비교적 저렴한 비용으로 완치자의 면역력 측정. 무증상 감염자의 사후 진단 등이 가능
국내 기업	씨젠, 랩지노믹스, 피씨엘, 솔젠트, 젠큐릭스, 에스디바이오센서, 오상헬스케어, 바디텍메드, 바이오니아, 진매트릭스 등	바디텍메드, 피씨엘, 수젠텍, 바이오니아 등	바디텍메드, 피씨엘, 수젠텍, 바이오니아, 엑세스바이오, 에스디바이오센서, 휴마시스 등

제12장 주목받지 못한 글로벌 의료 기기 시장의 성장은 지금부터?

휴대용으로 코로나19 검사가 가능하다.
분자 진단 기기는?

의료 기기 업계에서는 POCT라는 말이 자주 언급됩니다. Point-Of-Care Testing의 약자인 POCT는 한마디로 휴대용 진단이라고 생각하면 편합니다. 대한민국에서는 웬만한 의료 장비가 병원에 구비되어 있어, 제대로 진료를 받으려고 해도 아무 문제없이 가능하죠. 하지만 아프리카나 중국의 농촌이나 인도 이런 곳에서는 병원에 가도 기초적인 장비가 부족한 곳이 허다합니다. 이런 경우에 휴대용 검사기가 있다면 어떨까요? 최근에 타액(침)으로 코로나를 진단한다는 기업들이 나타났습니다. 피씨엘이라는 기업은 스핏(SPIT)라는 제품을 출시하여 오스트리아와 독일에서 판매를 하고 있는데 이 제품이 바로 침으로 코로나를 진단하는 제품입니다. 물론 기존의 PCR 검사 키트에 대비하여 일정 부분 정확도가 떨어질 수는 있지만, 검사

피씨엘의 스핏

를 안 하는 것보다는 훨씬 좋은 결과를 가져올 것이며, 공장이나 유치원 등에서는 그 활용도가 충분히 있을 것으로 예상되죠. 휴대용 검사는 많은 경우 분자 진단이라는

방법을 이용하는데, 우리 몸이 체액(혈액, 소변, 분변, 타액 등) 속에 있는 어떤 분자를 진단한다는 의미입니다. 그 분자는 대개 감염 물질(바이러스나 세균)이나 원인 물질(단백질)의 유전 정보를 담고 있는 유전자 (DNA나 RNA)입니다. 즉 진단을 위해 유전자라는 분자를 측정하는 것이죠. 앞에서 언급한 PCR 검사도 당연히 분자 진단에 해당됩니다.

❖ 분자 및 면역 진단 키트 기술 개발 로드맵

분자/ 면역 진단 키트	ICT 융합 기술을 접목한 예방 중심의 분자/면역 진단 기술 및 키트 제조			
	2021년	2022년	2023년	최종 목표
나노바디를 이용한 진단 기술			→	기존 항체와 동등 이상의 친화력, 높은 생산 수율 및 안정성 갖는 나노바디 기반 진단 기술 개발
다중 검출을 위한 분자/면역 진단 기술			→	시료로부터 3종 이상을 동시 검출 또는 진단할 수 있는 분자/면역 기술 개발
바이오마커를 이용한 분자/면역 진단 기술		→		3종 이상의 신규 바이오마커 개발 및 높은 특이도 및 정확도를 갖는 진단 기술 개발
분자/면역 검출 기술 기반 디지털 진단 기술			→	극미량의 시료를 정량적 분석이 가능한 분자/면역 검출 기술 기반 디지털 진단 기술 개발
분자 진단 POC 기술			→	장비 없이 간단한 휴대용 검출기 또는 키트만으로 분자 진단이 가능한 기술 개발

비침습적 시료를 이용한 분자/면역 진단 기술			→		높은 민감도와 특이도를 갖는 분자/면역 진단을 위한 비침습적 시료로부터 추출 기술 개발
앱타머를 이용한 진단 기술			→		기존 항체를 대체할 수 있는 앱타머 제조 기술을 기반으로 한 진단 기술 개발

의료 기기에는 진단 키트만 있나?
다빈치와 같은 의료용 로봇처럼 치료용
의료 기기는 어떨까?

나이가 들면서 점점 친숙해지는 말이 치과용 임플란트라든가 심장 혈관에 들어가는 스텐트 같은 말입니다. 의료 기기에는 진단용도 있지만 임플란트나 스텐트와 같은 치료용 기기도 존재합니다. 최근 들어 일반인들도 많이 알게 된 암 수술 로봇 다빈치 또한 치료용 의료 기기라 할 수 있죠. 진단용 의료 기기에 비해 치료용 의료 기기를 개발하는 데에는 더 많은 시간과 비용이 들어갑니다. 아직은 국내에서 연구 개발된 치료용 의료 기기에 대해서는 치과 쪽을 제외하고는 많이 알려지지 않은 상태입니다.

다빈치 수술 로봇을 만든 인튜이티브 서지컬(Intuitive Surgical, Inc.)

이라는 회사가 있습니다. 다빈치 수술 로봇은 세브란스 병원을 비롯한 국내의 종합 병원에서 최소 침습적으로 암수술을 하는데 많이 알려져 있죠. 이 수술 로봇을 만드는 회사의 기업 가치는 현재 한화로 100조 원이 넘으며 영업 이익은 3조 원에 육박합니다. 이 회사의 창업자인 프레데릭 몰(Frederic Moll) 박사에 따르면 이 회사의 발전에 한국의 의사들이 크게 기여하였다고 합니다. 이 수술 로봇을 개발한 당시에는 일정 수준 정도의 수술만 가능했으나 한국의 유능한 의사들이 새로운 수술 방법을 개발하여 그 기법을 전 세계에 전수한 덕분에 로봇의 활용도가 극대화되었다는 거죠. 프레데렉 박사는 인튜이티브 서지컬에서 은퇴한 후 오리스 헬스(auris health)라는 새로운 수

최소 침습 수술을 하게 해주는 다빈치 로봇 수술 시스템

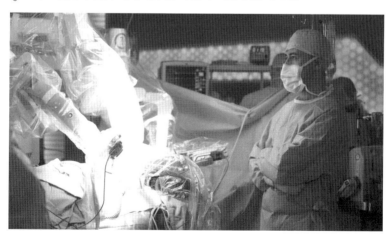

술 로봇 회사를 만들었고, 그 회사는 7조 원 규모로 JNJ에 2019년에 인수되었습니다. 이와 같이 수술 로봇을 만드는 회사의 기업 가치는 성숙하였을 때 100조 원 규모에 육박하며 아직 초기 제품만 출시한 상태에서도 수조 원 이상의 기업 가치를 가지게 됩니다. 제가 이렇게 수술 로봇에 대한 이야기를 길게 하는 것은 치료용 의료 기기의 미래에 대해 언급하기 위해서입니다.

우리나라의 바이오 및 의료 분야의 기술은 급속도로 발전하고 있습니다. 최근의 신약 개발 기술 이전 사례가 그렇고 진단 키트의 사례도 마찬가지입니다. 디지털 헬스케어에서도 주요한 기업이 나올 것으로 예상되지만 치료용 의료 기기 분야에서도 기대를 많이 하고 있습니다.

오스템임플란트의 자회사인 카디오텍이란 회사에서는 심장 스텐트를 국산화하여 제품을 시판하고 있고 조만간 상장할 것으로 보입니다. 한독이 최대 주주인 칼로스메디칼이라는 회사는 혈압약을 먹어도 혈압이 조절되지(떨어지지) 않는 환자들을 대상으로 신장 신경 차단술(renal denervation) 시술이 가능한 치료용 의료 기기를 만들어 임상 시험을 진행하고 있습니다만, 현재까지의 결과는 매우 우수하여 조만간 상장하게 될 것으로 보입니다. 그 외에도 아산 병원, 서울대 병원, 세브란스 병원 등에서 다양한 국산 의료 기기가 사용되고 있고 어떤 기업의 기술은 획기적이기도 합니다. 그런 만큼 10년 안에 기업 가치 100조 원짜리 우리 기업이 나타나길 기대합니다.

제13장

100조 개의 미생물이
내 몸을 살린다? 마이크로바이옴!

마이크로바이옴(Microbiome)이란 무엇인가?

　개인적으로 마이크로바이옴과 관련해 재미있는 일화가 있습니다. 6년 전 제가 저희 회사에서 '마이크로바이옴'이라고 보고서에 썼더니 회계 담당 후배가 '마이크로바이오'의 오타가 아니냐고 묻더군요. 그래서 그 친구한테 마이크로바이옴이란 것이 있다며 설명해준 적이 있는데 마이크로바이옴이란 마이크로바이오타(Microbiota)와 게놈(Genome)의 합성어로 인간의 몸에 사는 미생물과 미생물 군집의 유전 정보 전체를 의미합니다. 주로 장에 많이 존재합니다만 피부에도 있고 입속에도 당연히 있습니다. 2008년 미국과 유럽을 중심으로 마이크로바이옴과 관련된 글로벌 프로젝트가 시작되었으며 이후 마이크로바이옴에 대한 연구 및 투자가 본격적으로 증가하였습니다. 아직 마이크로바이옴을 활용한 의약품의 개발 및 연구는 대부분 초기 단계지만 미래 의료를 선도할 10대 신기술로 각광받고 있죠.

최근 NGS(Next Generation Sequencing, 차세대 염기 서열 분석) 유전 정보 기술과 데이터 분석이 도입되면서 마이크로 바이옴 시장도 발전하고 있습니다. 흔히 세컨드 게놈(Second Genome)이라고도 불리는 마이크로바이옴은 체중의 1~3%에 불과하지만 개수로 따지면 100조 개쯤 있습니다. 몸속에 100조 개나 있는 존재가 무의미하지는 않겠죠. 뭔가 역할이 있으니 지금까지 오랜 시간 인류와 함께했을 것입니다.

최신 연구에 따르면 영양분 흡수, 약물 대사 조절, 면역 작용, 뇌 발달, 행동 발달 등 인체에 매우 중요한 역할을 담당하는 것으로 알려져 있습니다. 마이크로바이옴의 95%가량은 장을 포함한 소화기관에 존재하지만 호흡기, 생식기, 구강, 피부 등에도 널리 분포하고 있으며 신체 부위에 따라 서식하는 미생물의 종류와 구성은 다양합니다. 그런 만큼 우리가 마이크로바이옴에 대해 연구를 하면 비만 치료라거나 암 치료 등도 가능할 것이라 예상할 수 있습니다.

실제로 우리 주위에서는 많이 먹는데도 살이 안 찌는 사람이 있는가 하면 조금만 먹어도 살이 찌는 사람이 있습니다. 또 매일 깨끗이 세수를 하는데도 자꾸 여드름이 나는 사람도 있지만 딱히 씻는 것 같지 않은데 피부가 깨끗한 사람도 있습니다. 이러한 일들이 우리 몸에 있는 미생물이 어떤 작용을 하기 때문이라는 것이 학자들의 생각입니다. 물론 내가 어떤 것을 먹느냐 어떤 환경에 있느냐에 따라서 내 몸에 있는 미생물의 종류도 바뀌고 구성 비율도 바뀌겠죠. 미생물이 어떤 분포로 있느냐에 따라 질병에 걸릴 수도 있고 안 걸릴 수도 있겠지만 만약 우리 아이가 아토피가 심한 경우 안 아픈 아이의 미생물을 가져다가 아이의 몸속에 넣으면 괜찮을 수도 있지 않을까요? 실제로 그런 식으로 치료를 하고도 있습니다.

결론적으로 마이크로바이옴은 우리 몸속에 있는 미생물 덩어리로 연구에 따라서는 암, 아토피, 자폐증, 치매 등등의 치료제는 물론이고 다이어트 식품까지도 개발할 수 있을 것으로 추정됩니다.

❖ 마이크로바이옴의 개념 및 예상되는 치료 가능 질환

세컨드 게놈 '마이크로바이옴'
(장내 미생물)

100조 개
95% 이상은 장에 존재
사람의 세포 수보다 10배

-섭취한 음식물로부터 에너지 흡수
-필수 비타민 생성
-면역 체계 조절
-혈당 및 신진 대사 조절
-질병으로부터 신체 보호

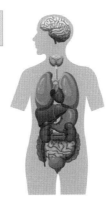

불균형과 연관되는 다양한 질환

- 뇌졸중, 치매, 파킨슨병, 우울증
- 폐암, 천식, 만성 폐쇄성 폐질환
- 심근경색, 심근병증, 변형 협심증 등
- 위암
- 간경변, 간암
- 췌장암
- 비만
- 대장염, 대장용종, 대장암
- 당뇨, 만성 신장 질환
- 방광암, 전립선암

마이크로바이옴,
현 위치는 어디인가?

　존슨앤드존슨, 화이자, 애브비 등 다수의 글로벌 제약사들은 오픈 이노베이션을 통해 마이크로바이옴 관련 업체들과 투자 및 공동 연구를 진행 중입니다. 이런 큰 회사들은 모두 역사가 100년씩 된 회사들이고 어마어마하게 큰 회사들입니다. 어마어마하게 큰 회사들의 특징은 돈이 될 기회가 있으면 무조건 한다는 것이죠. 당연히 이들 회사도 마이크로바이옴에 많은 관심을 가지고 있습니다. 이미 투자도 많이 하고 있으며 작은 벤처 기업들이 가지고 있는 권리를 사기도 하고 다양한 질환에서 임상시험을 하고 있죠. 특히 면역 항암제와 마이크로바이옴 병용 요법에 대한 연구가 활발하게 진행되고 있습니다.

　문제는 과연 그런 약이 언제 나올 것이냐입니다만 글로벌 시장 기준으로 200개가 넘는 마이크로바이옴 치료제 파이프라인이 개발되고 있고 현재 5개의 마이크로바이옴 치료제 파이프라인이 임상 3상 단계입니다. 미국의 나스닥에 상장된 회사 중에 세레스 테라퓨틱스는 현재 임상 3상을 마친 상태로 FDA의 허가를 2021년에 받을지 안 받을지는 잘 모르겠습니다만 중요한 것은 이런 회사가 여러 곳 더 있다는 것입니다. 임상 3상을 하는 곳이 여러 곳 있으면 임상 2상이나 임상을 하는 곳은 더 많이 있겠죠. 그런 만큼 마이크로바이옴을 이용해 치료제를 개발하는 일은 10년 혹은 20년 뒤가 아니라 어쩌면 2021년에도 치료제가 나올 수 있을 만큼 가까이 있습니다.

그 외에도 오셀(Osel)의 Lactin-V(세균성 질염 치료제), 리바이오틱스의 RBX2660(장염 치료제), 에이오바이옴의 B244(여드름 치료제), 옥스테라의 Oxabact(원발성 과옥살 산뇨증 치료제) 등이 임상 3상을 진행 중에 있으며 그 외 많은 제약사에서 다양한 치료제를 개발하고 있습니다.

글로벌 제약사의 마이크로바이옴 관련 파트너십 개요

기업명	파트너사	연도	협력 분야
Assembly Biosciences	Allergan	2017	크론병, 궤양성 대장염(투자금 $50M)
Enterome	Abbvie	2014	위장관 질환
	J&J	2016	크론병
	Takeda	2016	위장관 질환
	BMS	2016	면역 항암제(투자금 $15M)
Evelo Biosciences	MSD	2018	면역 항암제: Keytruda와 단일균 병용 요법 임상 1/2상 진행 중(대장암, 유방암 등)
4D Pharma	MSD	2018	면역 항암제: Keytruda와 단일균 병용요법 임상 진행 중 (신장암, 흑색종, 폐암 등)
	MSD	2019	마이크로바이옴 기반 백신 개발(계약금 비공개, 마일스톤 $347.5M)

Microbiotica	Genen-tech	2018	과민성 대장 증후군(투자금 $534M)
Second Genome	J&J	2013	궤양성 대장염
	Pfizer	2014	비만, 대사 질환
	Gilead	2020	염증성 장 질환, 바이오마커 발굴(계약금 $38M, 마일스톤 $300M)
Seres Therapeutics	Nestle	2016	C.difficile 감염(투자금 $120M)
	Astra-Zeneca	2019	면역항암제: PD-1 저해제와 환자 유래 복합균 병용 요법 공동 연구(투자금 $20M)
Synlogic	Abbvie	2016	크론병, 궤양성 대장염
	Roche	2019	면역 항암제: Tecentriq과의 병용 요법 공동 연구, 단독 요법 임상도 함께 진행할 예정
Vedanta Biosciences	J&J	2015	염증성 장 질환(투자금 $240M)
	BMS	2019	면역 항암제

　또한 마이크로바이옴이 인체의 다양한 기능과 관련이 있으며 다양한 질환에 영향을 끼친다는 사실이 최근 밝혀졌습니다. 실제로 소화기관과 뇌는 장-뇌 축(Gut-Brain Axis)로 연결되어 있다는 연구 결과가 존재합니다. 이러한 연구 결과를 바탕으로 마이크로 바이옴을 활용하여 치매, 파킨슨병, 우울증, 자폐 등 다양한 난치성 질환의 치료제를 연구하는 중입니다. 실제 대변 분석을 통해 일반 성인과 치매나 자폐 환자 간의 장내 세균의 차이가 발견되었으며 이러한 차이를 근

거로 병을 예측하거나 대변 이식 등을 통하여 유전자 발현을 변화시키는 연구 또한 진행 중입니다.

아직 초기 단계로 추가적인 연구가 필요하지만 뇌 질환 대부분은 적절한 치료제가 없어 다양한 연구 개발이 시도되고 있습니다. 그런 만큼 마이크로 바이옴을 활용한 치료제 개발은 하나의 전략이 되기에 충분할 것입니다.

마이크로바이옴과 인체 기능의 상관관계

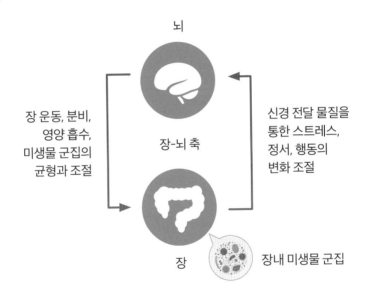

마이크로바이옴 관련 투자처로 어떤 기업이 좋을까?

수많은 글로벌 제약사가 마이크로바이옴을 활용한 신약 개발에 나서고 있지만 치료 효과에 대한 검증이 어려운 탓에 치료제는 아직 임상 단계에 그치고 있습니다. 그런 까닭에 국내 제약사들이 글로벌 제약사와 비교적 동등하게 경쟁할 수 있는 분야이기도 합니다.

국내의 대표적인 마이크로바이옴 관련 상장사는 지놈앤컴퍼니, 고바이오랩, 천랩 등을 들 수 있습니다. 지놈앤컴퍼니와 고바이오랩은 마이크로바이옴 치료제를 개발 중이며 천랩은 마이크로바이옴을 분석하는 플랫폼을 개발 중입니다.

지놈앤컴퍼니는 미국의 싸이오토 바이오사이언스에 대한 지분 투자를 통해 기존의 개발 영역(면역 항암제, 피부 질환 등)을 뇌신경계 질환으로 확대하였으며 현재 싸이오토는 자폐증 치료제 개발을 위해 미국에서 임상 1상 시험을 계획하고 있습니다. 참고로 정상인을 대상으로 하는 임상 시험 계획서(IND)는 이미 승인되었으며 자폐증 환자를 대상으로 하는 임상 시험 계획서로 변경할 예정이라고 합니다. 2019년엔 해외 제약사인 화이자, 머크와 임상 시험 협력 및 공급 계약을 체결하기도 했고요.

국내의 또 다른 업체인 고바이오랩은 국내 업체 중 마이크로바이옴 관련 임상 시험 진행 속도가 가장 빠른 곳입니다. 현재 건선, 천식 등의 임상 단계 파이프라인을 보유하고 있으며 자폐증과 관련된 파이프라인을 확보하기 위한 연구 개발 또한 진행 중인 것으로 알려져 있습니다(현재 마우스 효력 시험 진행 중).

마이크로바이옴을 기반으로 하는 신약을 개발 중인 천랩은 염증성 장 질환과 신경계 질환 등 현재 치료가 잘 되지 않는 질환의 치료제를 개발 중입니다. 또한 항암제 개발에도 마이크로바이옴을 활용하고 있는데 이런 일이 가능한 것은 천랩이 독자 개발한 정밀 분류 플랫폼과 국내 최대 규모인 10만 명 규모의 장내 미생물 데이터베이스를 보유하고 있기 때문일 것입니다.

ᐅᐊ 마이크로바이옴 치료제 시장 현황

업체명	제품	적응증	임상 계획
고바이오랩	KBLP-001 KBLP-002	자가 면역 질환 치료제 알레르기성 면역 질환 치료제	- 미국 임상 2상 진행 중 / 식약처 1상 IND 신청 - 상반기 내 미국 FDA 임상 2상 IND 신청 계획
지놈앤컴퍼니	GEN-001 SB-121	면역 항암 치료제 자폐증 치료제	- 미국 1/1b상 진행 중 / 식약처 1상 IND 신청 - 미국 FDA 임상 1상 승인
셀바이오텍	CBT-P8	대장암 치료제	- 상반기 내 식약처 1상 IND 신청 계획

유산균과
마이크로바이옴의 차이는?

마이크로바이옴이라는 나름 어려운 용어를 얘기했는데, 오랫동안 들어오던 유산균과는 어떤 차이가 있을까요? 마이크로바이옴이라는 큰 범주 안에 유산균이 들어가게 됩니다. 요즘 홈쇼핑이나 약국에서 유산균 제품이 많이 팔리고 있습니다. 요즘에는 유산균 분야에서도 연구 개발이 확장되어, 피부에 좋은 유산균, 비만 예방에 도움이 되는 유산균, 당뇨에 도움이 되는 유산균 제품도 있습니다. 국산 제품도 있고, 해외 제품도 있습니다. 유산균 시장은 확대 추세여서 앞으로 대기업들도 이 분야를 확장하려고 한다고 합니다.

그렇다면 유산균은 일상에서 늘 필요한 것일까요? 그렇다면 어떤 제품이 좋은 제품일까요? 제가 지금은 벤처 캐피털에서 투자 업무를 하고 있지만 약대를 졸업한 약사 출신인지라 주변으로부터 어떤 약을 먹어야 하는지에 대한 질문을 많이 받습니다. 제가 하는 대답은 남녀노소 공히 종합 비타민은 복용했으면 좋겠다, 그리고 유산균도 복용해라입니다. 종합 비타민 얘기는 대부분 아시는 이야기일 테니 넘어가고 유산균 얘기만 하자면, 우리 현대인들은 식습관이 일정하지 않고 인스턴트 제품 의존도가 높습니다. 시골에서 나물 반찬과 된장, 청국장과 같은 발효 음식을 일상적으로 드시는 분들을 제외하고는 유산균을 보충할 필요가 있다고 생각합니다. 물론 저도 매일 유산균을 복용합니다.

그렇다면 어떤 제품이 좋을까요? 특정 회사의 제품을 광고하기는 그렇지만, 저는 이렇게 표현합니다. "두부 고르는 방식으로 유산균을 선택하면 된다." 즉 가장 최근에 제대로 된 공장에서 생산된 유산균 제품을 복용하라는 것입니다. 대기업이나 캐나다나 스위스와 같은 외산 제품에 대한 호감도가 본능적으로 있을 수 있지만, 유산균 제품 포장을 유심히 보면 "몇 억 이상 보장"이라는 문구가 있습니다. 즉 유산균 제품은 유통 중에 지속적으로 감소하지만 보장된 유통 기간 중이라면 얼마 이상은 보장한다는 뜻입니다. 그런 만큼 가장 최근에 생산이 되었다면 그만큼 많은 유산균이 들어있을 가능성이 높으니, 두부 고르는 느낌으로 유산균을 고르라는 것입니다. 앞으로 마이크로바이옴 기술의 발전에 따라 다양한 유산균 제품도 나올 것으로 보입니다. 좋은 유산균을 잘 선택하는 것만으로 더 건강해지고, 피부도 좋아지고, 살도 안 찌는 세상이 빨리 왔으면 좋겠습니다.

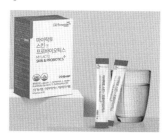

락토메이슨의 유산균 제품

제14장

이세돌 9단을 이긴
알파고가 의료계에도?
AI 의료

Bio

AI 의료는 정말 사람이 보는 의료만큼 믿을 수 있을까?

먼저 이런 예를 들고 싶습니다. TV에서 어떤 환자가 수술을 받고 있는 드라마를 보고 있다고 상상해보시죠. 드라마에서는 흔히 수술 중 의사가 환자의 조직을 떼어 간호사에게 주면 간호사는 막 밖으로 뛰어나가 다른 사람에게 보여주고 그분은 현미경을 막 들여다보다가 "큰일났다, 암인 것 같다!" 하고 소리를 지르는 경우가 왕왕 있습니다. 실제로 의사들은 육안으로도 암을 구분할 수 있지만 보통은 현미경으로 보고 진단을 내리는 경우가 많습니다. 하지만 하나의 표본이라고 해도 A병원에 있는 가 의사와 B병원에 있는 나 의사가 늘 똑같은 판단을 내리기는 어려울 것입니다. 물론 대한민국은 괜찮습니다. 대부분의 의사 선생님들이 워낙 잘하시기 때문입니다. 그렇게 뛰어난 의사가 판독한 결과물을 토대로 인공 지능에게 스스로 학습을 하게 한 뒤 환자가 무슨 암인지 판단을 내리라고 시키면 의사가 내리는 의견의 편차를 굉장히 줄일 수 있는 확률이 생길 것입니다.

또 병원에 가면 흔히 가슴 X레이를 찍습니다. 그러면 그 사진을 보고 의사가 판독을 하죠. 물론 그런 일은 의사들이 X레이 사진을 보는 훈련이 되어 있기 때문에 가능한 것입니다. 하지만 인공 지능도 사진을 보고 판독할 수 있게 하는 기술은 이미 많이 있습니다. 그리고 실제로 도움을 받을 수 있는 단계까지 와 있죠. 사실 인공 지능이라는 것은 빅데이터를 통해 계속 AI학습을 받고 학습한 것의 결과를 도출하는 것입니다. 미국이나 중국은 인구가 엄청 많으니 임상 시험 같은 데이터도 많겠지만 한국은 인구도 상대적으로 적은데, 그런 부분은 어떻게 고민해야 될까요? 사실 대한민국은 그 부분에서는 더 고민하지 않아도 됩니다. 우리나라는 서울대 병원, 아산 병원 등 대형 병원에 이미 빅데이터가 축적이 되어 있습니다. 그런 까닭에 인공 지능을 통해 잘 학습만 시키면 되는 거죠. '그렇다면 중국은 환자가 더 많을 테니 더 유리하겠네?' 하는 의문이 드실 수도 있을 겁니다. 하지만 중국은 아직까지 데이터의 양은 많지만 퀄리티가 낮은 편입니다. 인공 지능이 좋은 결과를 내기 위해서는 당연한 말이지만 좋은 데이터가 필요하죠. 그리고 미국은 중국과는 반대로 퀄리티는 좋지만 병원에 데이터가 별로 없습니다. 의사들이 하루에 환자를 열 명만 보는 운영 방식이라 데이터가 많지 않은 것입니다. 그런 까닭에 미국이나 유럽에 있는 인공 지능 관계자들은 한국에 있는 연구자들에게 너희는 학습만 시키면 좋은 결과가 나오겠다며 부러워하기도 합니다.

최근 헬스케어 산업 쪽의 트렌드는 질병 치료 중심에서 예방 중심 치료 및 개인 맞춤형 치료로 바뀌고 있습니다. 이를 위해서는 당연히 진료 기록, 의료 영상 데이터, 유전체 데이터, 환자의 라이프 데이터 등을 종합적으로 분석하고 연계할 필요가 있습니다. 이에 따라 의사를 보조하거나 대체해서 데이터를 분석하고 의사 결정을 지원하는 인공 지능 기술의 수요가 급증하게 되었죠. 의료 영상 정밀 진단, 신약 개발, 진료 프로세스의 개선, 의료 로봇, 가상 간호, 처방 오류 방지 등 현재 다양한 분야에서 활발하게 인공 지능 기술이 적용되고 있으며 특히 의료 영상 분야는 인공 지능 활용이 가장 활발한 분야 중 하나입니다.

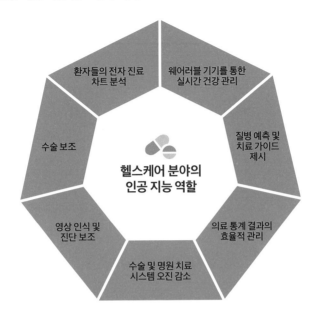

환자들의 전자 진료
차트 분석

웨어러블 기기를 통한
실시간 건강 관리

수술 보조

헬스케어 분야의
인공 지능 역할

질병 예측 및
치료 가이드
제시

영상 인식 및
진단 보조

의료 통계 결과의
효율적 관리

수술 및 명원 치료
시스템 오진 감소

현재 AI 의료의 선두 주자는
어떤 기업들일까?

　앞에서 잠깐 X레이 사진 이야기를 했습니다만 머신 러닝 방식의
의료 인공 지능을 활용해 지멘스는 흉부 CT의 진단을 지원하는 AI-
Rad Companion Chest CT를 출시하였으며 필립스는 디지털 병리 분
야에서 활용 가능한 솔루션의 상용화를 추진 중입니다.

그 외 신약 개발 분야에서도 치료제에 대한 신규 표적 발굴, 검증, 신약 설계, 최적화, 약물의 새로운 용도 발굴 등 다양한 약물 개발 단계에서 인공 지능 기술은 적용되고 있습니다. 이러한 인공 지능의 활용을 통해 신약 개발 기간과 비용을 줄이는 일에 크게 기여할 것으로 기대가 됩니다. 실제로 인공 지능을 통해 발굴한 후보 물질이 임상 시험에 진입한 사례가 발표되는 등 인공 지능 기술은 다양한 분야에서 적극적으로 활용되고 있습니다. 영국의 신약 개발사 엑셀시아는 2020년 2월 일본의 다이닛폰스미토모제약과 함께 찾아낸 강박 장애 치료 후보 물질의 임상 1상에 진입했습니다. 국내에서도 인공 지능으로 신약 후보 물질을 찾는 스타트업이 계속 생기고 있습니다. SK로부터 100억 원의 투자를 받은 스탠다임도 있고 신테카바이오는 인공 지능으로 2,700개의 사스, 메르스 치료제를 분석해 30종의 의약품을 찾아내기도 했습니다. 제약사들도 신약 개발에 인공 지능을 접목하고 있습니다. 유한양행은 앞에서 언급한 신테카바이오에 50억 원의 지분을 투자해 협업 체계를 구축하였으며 한미약품은 스탠다임과 공동 연구 계약을 체결하고 항암제를 개발 중에 있습니다.

요약하자면 2020년 6월 기준으로 미국 내에만 230여 개의 AI 신약 개발 회사가 있으며 신규 후보 물질 도출 분야에 가장 많은 회사들이 집중하고 있습니다. 뿐만 아니라 주요 제약사들도 AI 및 인실리

코(in silico, 가상 실험에서의 컴퓨터 프로그래밍) 기술 도입을 추진하며 신약 개발에서의 디지털 전환을 진행 중이며 AI 벤처에게 아웃소싱한다든지 오픈 이노베이션 차원의 외부 협업을 시도하는 케이스도 늘어나는 추세입니다.

제약사와 AI 신약 개발 바이오 벤처 기업 간의 주요 협업 사례(2019년)

회사명	주요 기술	협업 사례

Atomwise	AtomNet(CNN 활용 약물 발굴 알고리즘)	- 머크(에볼라 및 신경 질환 후보 발굴)
		- 일라이 릴리(10개 표적 타깃 후보 물질 발굴)
		  후보 물질 1개당 $100만+마일스톤
		  최대 $5.5억+로열티

Benevolent AI	Knowledge base 기반 약물 재창출(루게릭병 타깃 후보 물질을 AI로 3주 만에 도출, 2018년 1억 달러 이상 투자 유치하며 유니콘 등극)	- 얀센(개발 실패 약물 파킨슨 환자 졸음증 적응증으로 임상 진입, 임상 2b 진행 중) - 아스트라제네카(만성 신부전, 특발성 폐 섬유증) 일라이 릴리(관절염 치료제 baricitinib을 코로나19 치료제로 임상 2상 개시)
ExScientia	약물 빅데이터 기반 리간드 활성 분석	- GSK(후보 물질 10개에 대한 후속 개발 플랫폼 제공) - 셀진(암/자가 면역 질환) 계약금 $2,500만+성과에 따른 마일스톤 및 로열티 - 다이닛폰스미토모(강박 장애, AI 개발 신약 중 최초로 임상 시험 돌입. 2020년 2월)
Insilico medicine	GENTRL(46일 내 후보 물질 발굴, 합성, 검정하는 딥러닝 시스템)	- GSK(신규 타깃 발굴 등에 Insilico 기술 활용) - 노바티스(신약 후보 물질 탐색) - 북경태덕(삼중 음성 유방암 치료제 공동 개발) 기대 수익 최대 $2억

Insitro		- 길리어드(비알콜성 지방간염 치료제 공동 개발) 계약금 $1,500만+마일스톤 $3,500만~$2억+로열티
Numerate	소형 분자 기반 신약 물질 탐색 및 설계	- 다케다(2017년 6월) : 후보 물질 디자인 및 도출, ADMET 모델링 관련 연구 협약
two XAR	DUMA(후보 물질 발굴 및 약물-질병 간 연관성 탐 색 플랫폼)	- 산텐(녹내장 신약 개발)
신테카바이오	NEOscan(유전체 기반 약효 예측 바이오마커 발 굴) 등	- CJ헬스케어(면역 항암제 공동 개발), JW중외제약(신약 개발 공동 연구)
스탠다임	Standigm BEST(약물 상화 작용 포함 약물 구조 분석 알고리즘) 등	- CJ헬스케어(항암 신약 공동 연구 개발), 한미약품 (신약 후보 물질 공동 연구)

제15장

바이오 투자와 관련된
이런 질문 저런 질문

Bio

임상 시험은 반드시
미국 FDA의 승인을 받아야 하는가?

강연이나 인터뷰 때 자주 받는 질문 중에 하나가 바이오나 제약사에서 하는 임상 시험은 반드시 미국 FDA의 승인을 받아야만 하는 것이냐 하는 것입니다. 결론부터 말씀드리면 미국에서 약을 팔기 위해서는 미국식품의약국(FDA)의 승인이 필요합니다. 마찬가지로 일본에서 약을 팔려면 후생성의 승인이 필요하고 한국에서 약을 팔기 위해서는 식품의약품안전처의 승인을 받아야 하죠. 유럽은 EMA라고 유럽의약품청의 승인이 필요하고요. 어떤 나라든지 그 나라에 가서 약품을 판매하려면 그 나라에서 임상 시험을 받아야 합니다. 물론 그 임상 시험을 대규모로 하는 경우도 있고 브릿징 스터디라고 소

규모 가교 임상을 하는 경우도 있습니다만 어떤 규모로 하든 그 나라에서 임상 시험을 하고 그 나라의 승인을 받아야지 그 나라 국민에게 약을 팔 수가 있는 거죠.

하지만 시장 규모를 놓고 보면 미국 시장의 규모가 워낙 크니까 벤처 기업이건 대기업 제약사건 가능하면 미국에서 임상을 하려고 합니다. 그러니 FDA의 승인을 받는다는 말은 전 세계에서 가장 큰 시장에 접근한다는 의미라고 할 수 있습니다. 사실 승인이 까다로운 건 일본 후생성이 더 어렵습니다. 지난 2009년 한국의 SK케미칼은 호주에 기반을 둔 다국적 제약사인 CSL에 기술 이전을 한 적 있습니다. 엡스틸라라는 혈우병 치료제로 2016년 미국도 허가를 받고 2017년 유럽도 허가를 받았습니다만 가장 늦게 허가를 받은 나라가 바로 일본이었습니다. 그런 까닭에 일본 후생성 승인을 준비한다는 기업이 있으면 그 회사는 기술력에서 정말 자신이 있는 기업으로 생각해도 큰 문제는 없는 거죠.

다시 FDA 승인 문제로 되돌아가서 한국의 제약사가 미국에서 FDA 승인을 받고 있다는 뉴스가 나오면 보통 주가는 반등합니다. 승인을 받는 절차가 기간적으로는 각 사례에 따라 다르기 마련입니다만 임상 시험이라는 것은 쉽게 말해 충분한 통계적 모수를 갖추게

해서 그 통계성을 근거로 환자에게 쓸 수 있을지 없을지를 가리는 통계적인 판단이라 할 수 있습니다. 물론 어떤 병인가에 따라 모수는 달라질 수 있습니다만 보통 1,000명 이상의 규모를 많이 요구하기 때문에 실제로는 시간적으로 보면 임상 1상에 진입한 후에도 최소 4, 5년 정도를 잡아야 하죠. 최근에는 임상에서의 전략도 늘어나면서 그 기간을 단축시키고 있습니다. 1, 2상을 같이 한다든가 2상에 3상의 큐(선입선출)를 많이 넣는다든가 이런 식으로 섞어서 하기 때문에 3년 정도로 단축되기도 합니다만 대략 시간은 그렇게 걸린다고 생각하시면 될 것 같습니다.

또 시장의 크기만큼 중요한 것은 미국 시장이 가지고 있는 임팩트라고 생각합니다. 아무래도 현대 의학의 중요한 결정이 미국의 의사 협회 같은 곳에서 많이 이루어지니까요. 그런 곳에서 승인을 받는다는 것은 그 자체만으로도 가치가 매우 높은 일이라 할 수 있습니다. 또 사실 한국이나 다른 유럽의 규제 기관의 경우 미국 FDA만큼 전문 인력을 충분히 갖추고 있지 못한 것도 사실이고요. 그렇기 때문에 다른 국가에 대한 진출이 조금 더 쉬울 수 있다는 단서가 되는 거죠. 물론 한국의 식품의약품안전처도 전문 인력을 많이 갖추려고 노력은 합니다만 이런 이유로 미국에서의 결과를 하나의 기준으로 삼을 수밖에 없기도 합니다.

그런 만큼 한국 기업이 미국에 진출할 때 독자적으로 진출하면 물론 더 큰 파이를 먹을 수 있겠지만 미국 기업들과 잘 협력 관계를 맺으면 임상 기간을 단축시키는 데는 도움이 됩니다. 물론 독자적으로 진출하는 것도 능력인 것이지만 어떤 회사가 미국 기업과 파트너십을 맺으면 속도가 더 빨라지겠다는 예상은 할 수 있습니다. 사실 바이오 영역을 비롯한 의약품 영역은 굉장히 보수적입니다. 돈이 좀 아깝지만 그쪽에 있는 관계자를 고용해서 활용을 하는 것도 임상 기간을 단축시키는 하나의 방법이라고 할 수 있겠습니다.

❖ 식약처에서 주최한 국산 백신 개발 지원 간담회

개인 투자자는 구체적으로
어떤 바이오 기업에 투자를 하는 게 좋을까?

제약 부문도 그렇고 바이오 헬스케어 같은 경우 주가수익비율 (PER)이 높은 주들이 많습니다. 적자를 기록했음에도 상한가를 기록하는 종목도 종종 보이고요. 물론 그러다가도 많이 떨어지기도 합니다만 아무래도 제약이나 바이오 벤처 같은 경우는 기술을 기반으로 미래 가치를 중시하는 까닭에 어쩔 수 없이 PER이 월등히 높은 것 같습니다.

사실 지금도 우리 인류가 극복하지 못한 질병이 정말 많습니다. 그렇기 때문에 인도적인 차원에서 당연히 연구가 이루어져야겠지만 투자적 측면으로 생각해보면 제약이나 바이오 섹터는 굉장히 트렌디한 부문이라고 생각합니다. 새로운 질병이 도래했을 때 예를 들자면 최근의 코로나19가 그 예가 될 수 있겠지만, 그렇게 되면 당연히 백신을 만든다든가 치료제를 만든다든가 진단 키트를 만들 것을 예상할 수 있겠죠. 이런 식으로 트렌드를 감안한 접근을 투자자분들이 하면 사실 좀 현명한 투자 방식이 되지 않을까 싶습니다. 물론 더 관심이 많은 분이라면 기업에서 내놓는 데이터를 해석한다거나 하는 방법까지도 고민할 수 있겠지만 아무래도 전문적인 역량이 필요한 부분은 어려울 수밖에 없습니다.

그런 까닭에 개인 투자자의 경우 자기 성향을 잘 파악하는 일이 중요하다고 생각합니다. 투자자 중에는 계속 적자만 기록하고 매출이 0원인 회사는 견딜 수 없는 안정적인 성향을 가진 분도 계신가 하면 반대로 인생 한 번이니 대박을 터뜨리고 싶다는 공격적인 분도 있을 겁니다. 그러니 성향에 따라 종목에 배팅하는 것도 하나의 방법입니다. 한국에서는 바이오라는 큰 덩어리 속에 바이오 약품도 들어가고 저분자 화합물도 있고 치료용 기기니 진단 키트니 다 포함됩니다 다만 사실 미국에서는 바이오와 제약 이렇게 두 가지로 구분하거나 거기에 의료 장비, 의료 기기, 그리고 서비스 헬스케어 같은 부분도 추가해서 관리를 하고 있습니다. 각각의 특징을 놓고 보면 바이오나 제약 부문은 기본적으로 신약을 만드는 회사들입니다. 물론 신약 개발은 어렵지만 물질 특허를 가지고 있기 때문에 성공만 하면 부가가치가 높은 상품을 독점적으로 판매할 수 있죠. 반면 의료 장비나 기기는 조금씩 개량을 할 수 있으니 독점권은 그렇게 길지 않지만 안정적일 수 있고 말입니다. 헬스케어 같은 부문은 요즘 그 범주가 커지면서 융합 영역이라 할 수 있고 CMO 기업 같은 경우는 더욱 더 안정적이라고 할 수 있을 겁니다.

그렇게 각 기업이 가지고 있는 특징과 리스크가 다른 만큼 동일한 매출과 이익이 나온다면 기업 가치는 제약, 바이오 이런 쪽이 가

휴젤의 보툴리눔 톡신 제품

장 밸류가 높게 나올 때가 많습니다. 앞으로 우리나라도 그런 쪽으로 가지 않을까 하는 예상도 있습니다만 저 개인적으로는 굳이 그렇게 생각하지 마시고 어떤 회사든 좋은 특허를 가지고 있고 개발이 잘 진척되고 있다면 너무 걱정 마시고 믿는 것도 장기적으로는 나쁘지 않을 것이라고 생각합니다. 무엇보다 많은 전문가들이 3년 후, 5년 후에는 더 좋아질 것이라고 전망하는 만큼 조금은 여유를 가지셔도 괜찮다고 저는 생각합니다.

국내 주요 의료 기기 업체 소개

업체명	주요 사업	시가 총액(2020년 1월 15일) 및 매출액(2019년)	주요 제품 및 수출 비중
오스템 임플란트	치과용 임플란트 및 치과용 소프트웨어 제조, 판매	7,414억 원/ 5,650억 원 (영업 이익: 429억 원)	치과용 임플란트 등/수출 비중 50% 이상(2019년 매출 기준)
메디톡스	의약품 관련 제품 제조, 보툴리눔 톡신 단백질 치료제 제조	9,337억 원/ 2,059억 원 (영업 이익: 257억 원)	메디톡신, 이노톡스, 코어톡스, 뉴라미스, 컴포트듀얼 등/주요 매출 제품인 메디톡신의 수출 비중은 약 57%(2019년 1H 기준)
휴젤	생물학적 제제의 제조 및 판매, 의약품 연구 개발	2조 7,482억 원/ 2,046억 원 (영업 이익: 681억 원)	보툴리눔 톡신. 히알루론산 필러, 바이오 코스메틱 등/수출 비중 46.5%(2020년 1Q 매출 기준)

레이	치과용 의료 기기 제조 및 판매	3,992억 원/ 731억 원 (영업 이익: 129억 원)	디지털 토탈 솔루션, 디지털 진단 시스템 등/수출 비중 90% 이상(2019년 매출 기준)

K바이오 기업 가운데
유니콘 기업으로 성장할 기업이 있을까?

유니콘 기업이라고 하면 보통 상장 기업이 아닌 비상장 기업 중 기업 가치가 1조 원이 넘는 회사를 의미합니다. 하지만 아쉽게도 국내에 이런 기업은 많지 않습니다. 한국에서는 예를 들면 시가 총액이 3,000억 원 아니 2,000억 원만 되어도 코스닥에 다 상장되기 때문입니다. 그런 까닭에 저는 한국에서는 정의를 좀 다르게 했으면 좋겠다는 생각을 합니다. 예를 들자면 상장, 비상장 가리지 말고 현재 5,000억 혹은 1조, 2조 정도이지만 향후 10조 원쯤 될 회사가 어디 있을까? 이 질문에 답을 한번 해보자는 거죠. SK바이오사이언스 같은 경우는 10조 원을 이미 기록했으니 제외하고 어떤 회사가 있을지 생각하면 저와 특별히 관계는 없지만 대전에 가면 레고켐바이오라는 기업이 있습니다. 기업 가치가 얼마쯤 될지는 잘 모르겠지만 현재 주가는 5만 원이 조금 넘는 수준입니다. 하지만 저는 10년, 아니 그 이

전부터 미국에서 가장 성공한 벤처 기업인 길리어드 사이언스가 될 만한 기업을 한국에서 뽑아보라고 하면 레고켐바이오가 그렇게 될 확률이 높아 보인다고 이야기하곤 했습니다. 정말 저와는 아무런 이해관계가 없습니다만 잠재력 때문에 그런 평가를 한 것입니다.

실제로 레고켐바이오에는 신약을 만들 수 있는 플랫폼 기술이 있고 그 내부에 있는 구성원들도 이탈하지 않고 오래도록 계속 있습니다. 특히 대표인 김용주 박사의 경우 슬로건이 "신약만이 살길이다"일 정도로 열정이 뛰어납니다. 그런 열정을 바탕으로 좋은 구성원들이 좋은 특허를 가지고 있는 만큼 나중에 10조짜리 기업이 되지 않을까 하는 생각을 하는 것이죠. 물론 대기업에서 분사된 기업이든 아니든 10조가 되는 것도 의미가 있습니다만 개인적으로는 미국의 길리어드 사이언스처럼 벤처 기업으로 시작했다가 나중에 엄청난 가치를 가진 기업이 되는 모습을 보고 싶기도 합니다. 물론 레고켐바이오 외에 알테오젠 같은 회사도 원천 기술이 뛰어날 뿐 아니라 글로벌 트렌드를 잘 캐치해 필요한 기술을 개발하는 능력이 있으니 충분히 가능할 것 같고 브릿지바이오, 에스티팜 등 국내의 많은 기업 또한 글로벌 규모로 사업을 할 수 있는 역량을 갖추고 있다고 생각합니다.

뿐만 아니라 기업 가치가 10조가 아닌 100조인 기업도 머지않은 미래에 나올 거라 생각합니다. 물론 바이오 기업이 100조 정도의 가치가 되려면 글로벌 제약사 수준이 되어야 합니다. 그러기 위해서는 R&D, 디스커버리, 디벨롭먼트 영역도 중요하지만 세일즈 마케팅 능력이 특히 중요하다고 할 수 있습니다. 국내 기업 중 셀트리온이나 삼성바이오로직스 같은 경우는 실제로 유럽이나 미국에서 제품을 판매하고 있기 때문에 세일즈 마케팅망을 가지고 있습니다. 두 기업 모두 바이오시밀러 개발로 임상이나 개발 능력은 이미 입증이 된 만큼 R&D 영역과 디스커버리 영역의 역량만 외부의 힘을 빌리든 자체적으로 육성하든 키우기만 하면 충분히 가능하다고 생각합니다. 또 SK바이오팜 같은 곳도 개발부터 판매까지 하고 있는 만큼 가능성은 충분하다고 생각합니다. 앞에서 언급한 미국의 길리어드 사이언스는 원래는 직원이 7명인 벤처 기업이었습니다. 그런 회사가 수십 조, 100조 단위로 성장한 만큼 우리 기업들도 충분히 가능하다고 생각합니다. 물론 정부에서 여러 가지 규제를 풀어준다든가 지원책 같은 것이 필요하겠습니다만 국내 기업들도 조금 더 공격적으로 M&A 같은 것을 해서 볼륨을 키워나갔으면 하는 바람이 있습니다.

▶▶ 레고켐바이오의 기술 이전 계약 현황 (단위: 억 원)

플랫폼	날짜	파트너	파이프라인	총 마일스톤
ADC (항체-약물 결합체)	2015년 8월	FosunPharma	LCB14(HER2-MMAF)	208
	2019년 3월	Takeda	ADC platform	4,548
	2020년 4월	IKSUDA	ADC platform	4,963
	2020년 5월	IKSUDA	LCB73(CD19-pPBD)	2,784
	2020년 10월	CSTONE	LCB71(ROR1-pPBD)	4,099
	2020년 12월	PYXIS	LCB67(DLK1-MMAE)	3,255
합성 의약품	2009년 6월	GC녹십자/Lee's pharma	Nokxaban	ND
	2016년 12월	하이헤바이오	Delpazolid	240
	2017년 5월	브릿지바이오테 라퓨틱스	BBT-877	300

국내 바이오 기업의 성장세는 언제까지 이어질까?

아무래도 미국의 예를 살펴보면 조금 더 쉽게 이해할 수 있을 것 같습니다. 미국은 지금이나 15년 전이나 벤처 캐피털의 바이오 투자 비중이 23~24% 정도 됩니다. ICT 서비스 분야에 이어 2등인 거죠.

참고로 ICT 서비스는 페이스북 같은 것을 생각하시면 되겠습니다. 이에 비해 국내의 경우 10년 전 4%에 불과했습니다. 하지만 지금은 약 30% 정도까지 증가했죠. 이렇게 증가한 사실에는 어떤 의미가 있을까요? 저희 같은 벤처 캐피털은 지금 당장보다는 미래 가치에 중점을 두고 투자합니다. 즉 10년 전부터 바이오 시장이 계속 커질 것이라는 생각을 했다는 것이고 실제로 계속 성장했기 때문에 투자 비중이 30%까지 늘어난 것입니다. 만약 예상이 부정적이었다면 당연히 비중이 줄어들었겠죠. 하지만 현 정부도 그렇고 다음 정부도 그럴 것이라 생각합니다만 바이오를 육성하겠다고 공언하고 있고 사람들의 관심도 많이 높아졌습니다.

이렇게 될 수 있었던 가장 큰 이유는 저는 국내 바이오 산업의 수준이 높기 때문이라 생각합니다. 실제로 해외 기업과 객관적으로 비교해도 충분히 경쟁력이 있을 만큼 높습니다. 엄청난 양의 코로나 진단 키트를 우리 기업이 전 세계로 수출하는 모습이나 유명한 글로벌 제약사들이 CMO를 맡기는 것만 보아도 K바이오의 위상은 예전과는 많이 달라졌다 할 수 있습니다. 또한 앞으로는 국내 바이오 시장의 전체 사이즈도 조금 더 커지리라 예상합니다. 제가 이렇게 더 커질 것으로 예상하는 것은 코로나19가 자신도 모르게 일정 역할을 하였습니다. 외국에서 우리 K바이오에 대한 인식이 어떻게 변했는가

하는 문제는 차치하더라도 얼마 전까지만 해도 백신이라고 하면 나이가 좀 있으신 분들은 어릴 때 맞는 불주사를 떠올렸고 그나마 조금 관심이 있으신 분들은 자궁 경부암 백신을 아는 정도였습니다. 하지만 이번 코로나19 사태로 말미암아 많은 사람들이 백신의 중요성을 알게 되었고 지식 또한 많이 습득하게 되었습니다. 사실 코로나19가 아니었더라도 국내도 그렇고 해외도 그렇고 잘 먹고 잘 사는 일이 중요해지면서 건강에 대한 관심이 늘었습니다. 그런 것들이 벤처 캐피털에서 30%까지 투자를 하게 된 이유였을 테고요.

❖ 젠큐릭스의 코로나19 진단 키트

결론적으로 10년 후까지는 예측을 못 하겠습니다만 5년 후에도 우리 바이오 산업은 여전히 성장 중일 거라는 말씀은 자신 있게 드릴 수 있습니다. 왜냐하면 지금 벤처 캐피털이 하는 투자는 4년 혹은 5년 후를 내다보고 하는 것이기 때문입니다. 지금 하는 투자는 5년쯤 뒤에 그 결실을 맺을 테니 당연히 성장 중일 거라 생각합니다. 좀 더 솔직히 말씀드리면 인류가 암이나 파킨슨병 같은 난치병을 정복하지 못하는 한 바이오 산업은 계속 발전할 것이라 생각합니다.

어떤 도전이든 겁먹지 마십시오.
물론 공부는 좀 해야 합니다

원래 저는 약대를 나온 사람으로 유한양행에서 연구원 생활을 하다가 한국바이오기술투자라는 곳에 2001년 8월 2일 입사하면서 벤처 캐피털리스트로서의 생활을 시작하게 되었습니다. 당시만 해도 벤처 캐피털이라는 개념 자체가 거의 알려져 있지 않을 만큼 초창기라 고생도 했습니다만 하다 보니 나중에 바이오 분야 투자 전문가도 되고 한국에서 가장 큰 벤처 투자사 대표도 될 수 있었습니다. 지금은 저희 회사에 이력서를 내는 분들을 보면 반 이상이 아이비리그 같은 곳을 졸업한 분들입니다. 영국에서 중학교부터 고등학교, 대학교, 대학원 나온 분들도 있고요. 아마 지금과 같은 경쟁 구도라면 저는 입사를 못 했겠죠. 제가 왜 이런 말씀을 드리는가 하면 저는 그 길이 불확실해도 기본적으로는 새로운 분야, 즉 경쟁이 치열하지 않았던 분야를 선택했고 결과적으로 그 판단이 옳았다는 말씀을 드리고 싶었기 때문입니다.

투자 이야기로 돌아와서 최근에는 항암제를 개발하는 회사에 대한 투자를 조금 지양하려고 노력하고 있습니다. 이유는 항암제를 개발하는 회사가 세계에 너무 많기 때문입니다. 제가 투자한 그 회사가 성공을 해야 저희도 잘되는 건 당연한 말입니다만 문제는 경쟁자가 너무 많다는 것이죠. 저는 기본적으로 경쟁자가 너무 많은 부문에 대한 투자를 추천드리고 싶지 않습니다.

물론 저를 비롯한 벤처 투자가는 상장되기 5년 전, 10년 전에 투자를 하는 사람입니다. 그러다 보니 전 세계에서 가장 새로운 사업 모델이나 가장 새로운 기술 같은 것을 먼저 접할 수 있고 거기에 대한 설명도 전문가분들에게 요청할 수 있죠. 당연한 말이지만 아무리 초기 기술이 좋아도 자본이 들어가고 그게 더 개발이 되어야 나중에 상업화가 되고 실질적인 결과물이 나오기 때문에 그 전문가분들도 저희에게 열심히 설명해주십니다. 그러다 보니 저절로 공부가 되고 전문성이 확산됩니다. 전문가 의견이 중요하다는 말씀을 드리기 위함입니다.

제가 약대 후배를 비롯해 많은 분들에게 자주 이야기하는 것이 있습니다. 첫 번째는 새로운 분야에 대해서 너무 겁먹지 말라는 것입니다. 어떤 분야든 겁먹지 말고 뛰어들어서 5년쯤 열심히 해보라고 권합니다. 제 경험에 따르면 그 5년 동안 쓸데없는 일을 하는 것처럼 본인은 생각할지 몰라도 열심히만 하다 보면 나중에는 다 돌아오는 것 같습니다. 실제로 제가 유한양행에 다닐 때 겪었던 힘들었던 경험이 나중에 많은 도움이 되었습니다. 결론적으로 인생에서 허비되는 건 존재하지 않는다고 저는 생각합니다. 새로운 분야가 있으면 과감하게 뛰어드셨으면 좋겠습니다. 또 한 가지 학문이나 전공에 대해서도 구애받지 말라는 것입니다. 경영학을 전공하신 분들은 당연히 삼성전자의 CEO도 될 수 있고 유한양행의 CEO도 될 수 있습니다. 하지만 생물학과를 나오면 바이오 회사의 CEO만 해야 하는 걸까요? 그렇다면 경영학과를 나온 전자회사 CEO는 전자 분야에 대해 진정한 전문가라서 CEO가 될 수 있었던 걸까요? 만약 동양사학과를 졸업했다고 하더라도 앞으로 중국이나 일본과 관련된 일이나 역사 관련 일만 해야 한다고 국한 지을 필요는 없는 것입니다. 벤처 캐피털에 와서 동양 미술품에 투자하는 일도 얼마든지 할 수 있는 것입니다. 그러므로 새로운 분야에 도전하는 분들은 물론 불안하겠지만 너무 겁을 먹지 않았으면 좋겠습니다.

단, 공부는 좀 해야 합니다. 어떤 분야에 뛰어들건 공부는 필수입니다. 얼마 전 E트렌드에서 강의하면서 이런 이야기를 한 적이 있습니다. 요즘은 유튜브 같은 곳에서 회사 CEO나 IR담당자가 회사 설명을 많이들 하니 특정 회사에 투자하기 전에 꼭 시청하시라고요. 그리고 그렇게 시청할 때 만약 이해가 안 된다면 그 회사는 투자를 하지 마실 것을 권합니다. 설명을 잘 이해할 수 없는 것은 CEO 혹은 담당자의 커뮤니케이션 능력이 떨어지기 때문이고 그런 곳이라면 굳이 투자할 필요가 없습니다. 실제로 아무리 어려운 기술이라도 용어가 좀 헷갈릴 뿐이지 합리적인 설명이 따르면 누구나 이해를 할 수 있습니다. 요즘 화제가 되고 있는 가상화폐니 블록체인이니 하는 것도 조금 복잡할 뿐이지 제대로 된 설명을 들으면 당연히 이해가 되고 합리적으로 설득이 되는 것이 정상입니다.

약대를 나온 제가 벤처 캐피털의 CEO가 될 수 있었던 것처럼 어떤 전공이든 새로운 분야에 들어가서 학습을 하다 보면 그 분야에 대해 이해할 수 있게 되고 합리적으로 이해만 할 수 있다면 그 분야에서 무엇이든 다 할 수 있다고 저는 생각합니다. 실제로 얼마 전 한국인 최초로 EY 세계 최우수 기업가상을 수상한 셀트리온의 서정진 회장님은 산업공학과를 나오셨으니까요

그런 만큼 지금 창업을 하건 새로운 분야에 취업을 하건 뭘 하건

간에 좀 겁먹지 말고 과감하게 행동했으면 좋겠습니다. 물론 공부는 해야 하지만요.

　이상이 여러 후배님들께 드리는 마지막 당부의 말씀입니다. 감사합니다.

차세대 유망 바이오 기업을 찾아라!

투자 레전드의 TOP PICK 33

1. SK바이오팜

FDA에 시판 허가를 받은 CNS 전문 바이오 기업
뇌전증 Xcorpri®와 기면증 치료제 Sunosi®보유

시가 총액 8조 8,494억 원(2021년 6월 1일 종가 기준)

기업 개요

- 동사는 중추 신경계(CNS) 질환 관련 신약 개발 전문 글로벌 종합 제약사임. 1993년 SK그룹의 신약 연구 개발 프로젝트에서 시작해 2011년 4월 분할 설립되었으며 2020년 7월 코스피 시장에 상장하였음.
- FDA 승인을 획득한 뇌전증 치료제 Cenobamate(제품명: Xcopri®) 및 수면 장애 치료제 Solriamfe-tol(제품명: Sunosi®)를 보유하고 있음.

체크 포인트

- 향후 SK바이오팜의 기업 가치는 Xcopri®의 미국 매출 증가 속도에 따라 결정될 것으로 전망.
- 2020년 매출은 상장 당시 매우 높았던 외부 기대에 미치지 못했으나 그 배경에는 1) 코로나로 인한 대면 마케팅 환경 악화 2) 점진적으로 증가하는 CNS 신약 매출 증가 특징 등이 있다고 판단됨.

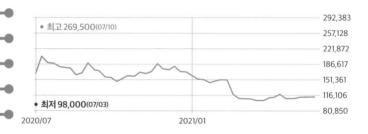

- 최고 269,500(07/10)
- 최저 98,000(07/03)

| 292,383 |
| 257,128 |
| 221,872 |
| 186,617 |
| 151,361 |
| 116,106 |
| 80,850 |

2020/07　　　　　2021/01

2. 셀트리온

독보적인 기술력을 바탕으로 항체 신약과 바이오베터 등 신기술 개발
해외 사업 확대하여 글로벌 종합 생명 공학 기업으로 발전 중

시가 총액 37조 822억 원(2021년 6월 1일 종가 기준)

기업 개요

- 1991년 동양연구화학으로 시작하여 PCB 제조 공정용 약품 제조에 진출한 뒤 2002년 설립됨. 이후 2005년 BMS와 CMO 계약을 체결하면서 정식으로 바이오 산업에 진출, PCB 사업을 물적 분할한 뒤 2008년 코스닥에 상장함.
- 2013년 5월 세계 최초 항체 바이오시밀러 램시마가 EMA(유럽의약품청)으로부터 허가를 받으며 글로벌 바이오 시장에 진출함.
- 공장 증설로 대량 생산을 위한 준비를 갖추고 유럽에 이어 미국 FDA로부터 램시마의 판매 허가를 획득함.

체크 포인트

- 2021년 2월 식품의약품안전처로부터 코로나 치료제로 고위험군 경증 환자 및 중등증 환자를 대상으로 조건부 승인을 획득한 '렉키로나주'는 3월 26일 유럽의약품청에서도 조건부 허가를 획득함. 국내에서는 원가로 공급되나, 해외 매출이 발생했을 때는 높은 수익이 예상됨.
- 최근 파키스탄과 체결한 수출 계약을 시작으로 렉키로나주의 해외 매출 성장이 기대되며, 유럽에서는 2021년 3분기 정도에 공식 출시 예정.

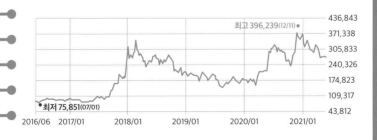

최고 396,239(12/11)

436,843
371,338
305,833
240,326
174,823
109,317
43,812

최저 75,851(07/01)

2016/06 2017/01 2018/01 2019/01 2020/01 2021/01

3. 큐리언트

국내 대표 NRDO 기업
글로벌 최고 수준의 기초 연구소들과의 제휴를 통해 신약 파이프라인 확보

시가 총액 2,692억 원(2021년 6월 1일 종가 기준)

기업 개요

- 2008년 7월 설립, 2016년 2월 코스닥에 상장된 국내 대표 NRDO(No Research Development Only) 전문 바이오 기업.
- 막스 플랑크, 파스퇴르 연구소 등 유수의 연구소들과 제휴를 통해 지속적으로 신약 파이프라인을 확보 중.
- 현재 아토피성 피부염 치료제 Q301, 다제내성 결핵 치료제 Telacebec, Axl/Mer/CSF1R 삼중 저해 면역 항암제 Q702 등 다수의 파이프라인을 보유 중.

체크 포인트

- 결핵 치료제 및 아토피 치료제 기술 이전 추진 중.
- 2021년 1월 미국 FDA에서 임상 중인 면역 항암제(Q702)의 환자 투약을 개시함. 기존 약물로 치료가 어려운 난치성 고형암 환자 약 80명을 대상으로 미국 내 3개 암센터에서 Q702 단독 처방으로 최적의 투여 용량, 효능 및 부작용 등을 확인할 예정임.

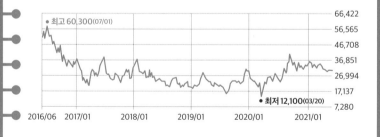

최고 60,300(07/01)
최저 12,100(03/20)

66,422	
56,565	
46,708	
36,851	
26,994	
17,137	
7,280	

2016/06 2017/01 2018/01 2019/01 2020/01 2021/01

4. 레고켐바이오

다수의 ADC 기술 이전 계약
링커와 톡신에 대한 원천 기술 보유

시가 총액 1조 1,840억 원(2021년 6월 1일 종가 기준)

기업 개요

- 항체 약물 결합체(Antibody Drug Conjugates; ADC) 및 합성 의약품에 대한 연구 개발을 하는 기업으로, 2006년 설립되어 2013년 5월 코스닥 상장함.
- 자체 플랫폼 기술을 보유하여 다수의 기술 이전 계약을 체결함. 2015년 8월 중국 Fosun pharma에 HER2 ADC 중국 판권을 기술 이전 후 5건의 ADC 플랫폼 및 물질에 대한 기술 이전 계약이 체결됨.
- 항체 약물 결합체(Antibody Drug Conjugates; ADC)에서 항체와 약물을 연결하는 링커 기술과 PB-D(pyrrolobenzodiazepine) prod-rug를 보유.

체크 포인트

- Fosun pharma에 기술 이전한 HER2 ADC 임상 1a상 중간 결과가 올해 발표될 것으로 기대됨.
- 임상에서 안전성 및 효능을 확인할 수 있는 결과가 발표된다면 전체 ADC 플랫폼 기술에 대한 가치는 더 높아질 것으로 예상됨.
- Iksuda Therapeutics, CStone pharmaceuticals, Pyxis Oncology 등에 기술 이전한 후보물질들에 대해 순차적으로 임상 시험을 신청할 예정이며, 추가적인 ADC 기반 후보 물질의 기술 이전이 전망됨.

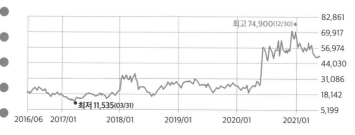

최고 74,900(12/30) / 82,861 / 69,917 / 56,974 / 44,030 / 31,086 / 18,142 / 5,199
최저 11,535(03/31)
2016/06 2017/01 2018/01 2019/01 2020/01 2021/01

5. 지놈앤컴퍼니

국내 마이크로바이옴 분야의 선두 주자

시가 총액 4,867억 원(2021년 6월 1일 종가 기준)

기업 개요

- 마이크로바이옴 및 신규 타깃 기반의 면역 항암제를 개발하는 기업으로 2015년 설립되어 2020년 12월에 코스닥 시장에 상장함.
- 신약 발굴 플랫폼(GNOCLETM)을 바탕으로 마이크로바이옴과 항체 기반의 신약 개발 파이프라인을 확보하였음.
- 미국 바이오텍 Scioto Biosciences 인수를 통해 마이크로바이옴 관련 플랫폼 기술 도입과 신규 연구 개발 파이프라인을 도입하였음.

체크 포인트

- 글로벌 제약사 Merck와 GEN-001/Avelumab 병용 임상 협업 계약을 체결하였으며, 기존에 진행 중인 임상1/1b상을 통하여 투약 용량을 확정하고 2a상을 통해 안전성과 유효성을 추가적으로 확인할 예정임.
- 자회사 Scioto Biosciences를 통해 뇌질환 마이크로바이옴 치료제를 개발 중이며, 2021년 자폐증 및 신생아 괴사성 장염 환자 대상 임상 시험을 진행할 계획임.

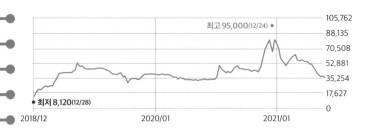

최고 95,000(12/24)

최저 8,120(12/28)

| | 105,762 |
| 88,135 |
| 70,508 |
| 52,881 |
| 35,254 |
| 17,627 |
| 0 |

2018/12　　　　　2020/01　　　　　2021/01

6. 케이피에스

기존 사업인 OLED 마스크 인장기에서 바이오 회사로서
변화 빠르게 진행 중
에이치엘비 전 경영진을 대표 이사로 선임

시가 총액 3,159억 원(2021년 6월 1일 종가 기준)

기업 개요

- 케이피에스는 기존 OLED 인장기 전문 업체였으나, 2020년 최대 주주가 변경되면서 바이오 사업에 본격적으로 뛰어들었음.
- 최대 주주 변경 후 에이치엘비생명과학의 전 대표인 김하용 대표 이사와 에이치엘비 창업자 김성철 이사를 선임하였음.
- 2020년 항암 치료제와 디지털 치료제를 모두 개발하는 바이오 제약사 기업인 빅씽크테라퓨틱스를 자회사로 편입함.

체크 포인트

- 2021년 4월 빅씽크테라퓨틱스는 강박 장애(OCD) 디지털 치료제(DTx) '오씨프리(OC FREE)'의 탐색 임상 프로토콜에 대한 미국 IRB 승인을 받았음. 이는 국내 자체 개발 디지털 치료제의 첫 미국 임상 승인이며, 2024년까지 본임상을 끝내고 FDA 허가를 목표하고 있음.
- 국내 상용화 독점권을 가진 인간 상피 성장 인자 수용체 2형(HER2) 양성 조기 유방암 환자를 위한 연장 요법 치료제 '네라티닙'의 연내 품목 허가가 기대됨.

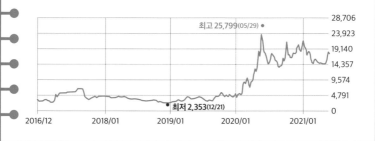

최고 25,799(05/29)

최저 2,353(12/21)

2016/12 2018/01 2019/01 2020/01 2021/01

28,706
23,923
19,140
14,357
9,574
4,791
0

7. SCM생명과학

2019년 미국 바이오텍 코이뮨 인수로
글로벌 유전자-세포치료제 기업 성장 기대
글로벌 cGMP 시설 확충 및 세포 치료제 파이프라인 확보

시가 총액 3,809억 원(2021년 6월 1일 종가 기준)

기업 개요

- 2014년 설립, 2016년 코스닥 상장되었으며 줄기세포 치료제 및 세포 치료제 개발을 주요 사업으로 영위하고 있음.
- 신규 후보 물질 발굴, 조직 공학을 통한 신기술 접목, 그리고 면역 항암제 개발까지 새로운 사업 영역을 확대하였음.
- 희귀·난치성 질환에 대한 줄기세포 치료제 5품목을 주요 파이프라인으로 구축하고 있으며, 급성 췌장염, 중등증-중증 아토피 피부염, 급성 호흡 곤란 증후군, 간경변 등의 질환에 대한 줄기세포 치료제를 개발하고 있음.

체크 포인트

- 동사가 인수한 코이뮨의 주요 파이프라인 CARCIK-CD19는 급성 림프구성 백혈병 1/2a상에서 11명 중 10명에게 완전 관해를 달성하였음. 향후 동사의 기업 가치에 큰 업사이드를 일으킬 것으로 판단됨.
- 자회사 코이뮨의 면역 항암제 외에도 동사의 줄기세포 치료제의 글로벌 및 미국 진출에 긍정적 역할이 기대됨.

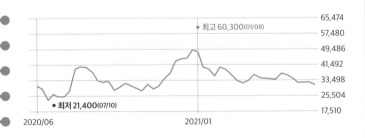

최고 60,300(01/08)

최저 21,400(07/10)

| 65,474 |
| 57,480 |
| 49,486 |
| 41,492 |
| 33,498 |
| 25,504 |
| 17,510 |

2020/06   2021/01

8. 티움바이오

글로벌 희귀/난치성 질환 치료제 개발 전문 기업

시가 총액 4,542억 원(2021년 6월 1일 종가 기준)

기업 개요

- 2016년 설립, 2019년 11월 코스닥에 상장한 기업으로 희귀/난치성 질환에 대한 치료제를 연구 개발하고 있으며, 합성 의약품 및 바이오 의약품 양 분야의 신약 창출 시스템을 보유 중임.
- 면역 항암제, 자궁 내막증 등 기존 파이프라인 외에 신규 파이프라인을 확충하기 위하여 보스턴에 자회사 이니티움을 설립하고 항체 파이프라인 확보를 위한 연구 개발을 진행 중임.

체크 포인트

- 자궁 내막증 치료제(TU2670)는 유럽의 5개 국가에서 임상 2a상을 진행할 예정으로 현재 4개국에서 임상 시험 계획을 승인받은 상태임.
- TGF베타 저해제인 TU2218은 폐섬유증 치료제 및 면역 항암제로 개발 중이며, 올해 미국 임상 1상 진입을 목표로 7월까지 IND 신청 계획임.
- 그 외 혈우병 치료제, NASH 치료제 등도 약효 평가 후 조기 기술 이전을 기대하고 있음.

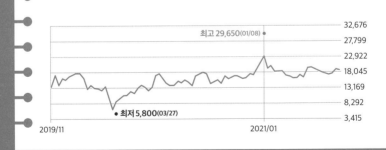

최고 29,650(01/08)

최저 5,800(03/27)

2019/11   2021/01

32,676
27,799
22,922
18,045
13,169
8,292
3,415

9. 아이진

자체 개발 mRNA 코로나19 백신의 성공 가능성
mRNA 백신에 대한 정부의 전폭적 지원 기대

시가 총액 3,931억 원(2021년 6월 1일 종가 기준)

기업 개요

- 2000년 6월 설립되어 2015년 11월 코넥스에서 코스닥으로 이전 상장한 신약 개발 업체로, 주요 파이프라인은 허혈성 질환 치료제, 백신으로 분류됨.
- 아이진이 개발 중인 mRNA 코로나19 백신(EG-COVID)에 대한 개발 성공 기대감이 높아지고 있음. 2020년 4월부터 시작한 비임상 효능 평가에서 모더나의 코로나19 백신의 비임상 결과와 유사한 중화 항체 역가를 나타내었음.

체크 포인트

- mRNA 전달체 및 EG-COVID 조성물에 대한 국내 특허 출원을 완료했으며, 2021년 3분기 임상 1상에 돌입할 예정임
- Moderna, Pfizer의 백신이 영하의 온도에서 유통 관리되어야 하는 것과 달리 상온에서 보관이 가능한 형태로 개발되고 있어 향후 이들 백신을 대체할 수 있을 것으로 기대됨.
- 2021년 정부는 국내 업체가 mRNA 백신을 개발할 수 있도록 '한국형 화이자 백신 프로젝트'를 신설함. 백신 연구에서 사용 허가 단계까지 각종 예산과 실무를 지원할 예정임.

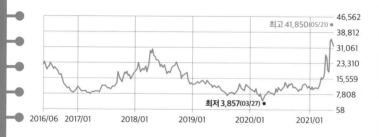

최고 41,850(05/21)

최저 3,857(03/27)

46,562
38,812
31,061
23,310
15,559
7,808
58

2016/06 2017/01 2018/01 2019/01 2020/01 2021/01

10. 에이비엘바이오

이중 항체 기반의 면역 항암제 및 퇴행성 뇌질환 치료제 개발 기업

시가 총액 9,754억 원(2021년 6월 1일 종가 기준)

기업 개요

- 2016년 설립, 2018년 코스닥 상장되었으며 이중 항체 기술을 기반으로 항체 치료제를 연구 및 개발, 상업화를 기본 사업 모델로 하는 바이오 의약품 개발 전문 기업임.
- 이중 항체 플랫폼(Grabody)을 기반으로 면역 항암제 파이프라인, BBB를 타깃으로 하는 퇴행성 뇌질환 파이프라인 등 다수의 연구 개발 파이프라인을 구축함.

체크 포인트

- 국내 임상 1b상을 진행 중인 ABL001(VEGFxDLL4)을 포함하여 다수의 이중 항체 파이프라인들이 본격적인 임상 단계에 돌입하며 기업 가치 상승을 견인할 전망임.
- 특히 국내에서 최초로 미국에서 임상 시험을 진행하는 ABL503(PD-L1x4-1BB)과 ABL111(-Claudin18.2x4-1BB)의 경우, 임상 1상 시험 결과를 바탕으로 글로벌 기술 이전 계약이 가능할 것으로 기대하고 있음.

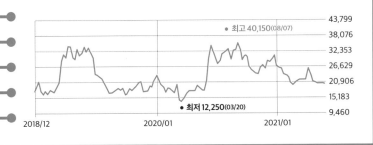

최고 40,150(08/07)

최저 12,250(03/20)

43,799	
38,076	
32,353	
26,629	
20,906	
15,183	
9,460	

2018/12   2020/01   2021/01

11. 유한양행

국내 최초 주식 시장 상장 제약사
2021년 6월 ASCO에서 레이저티닙 임상 데이터 발표 예정

시가 총액 4조 5,622억 원(2021년 6월 1일 종가 기준)

기업 개요

- 1926년 의약품 수출입 및 판매업으로 설립된 유한양행은 1962년 제약 업계 최초로 주식 시장에 상장함.
- 1970~1980년대부터 미국의 킴벌리클라크사와 영국의 글락소스미스클라인 등과 합작 회사를 설립하여 대형 제약 회사로서의 도약을 준비한 바 있음.
- 대표 품목으로 쎄레스톤지(피부 질환 치료제)와 안티푸라민(외용 진통소염제) 그리고 유한락스 등을 바탕으로 2019년 식품의약품안전처 기준 국내 제약 시장 점유율 1위를 차지하고 있음.

체크 포인트

- 2020년 기준 매출액 1조 6,199억 원 및 영업 이익 843억 원 달성.
- 제노스코로부터 도입한 비소 세포 폐암 치료제 '레이저티닙'을 얀센에 2018년 11월 총 1조 4,000억 원에 기술 수출하는 계약을 체결함. 이후 얀센의 이중 항체 치료제(아미반타맙)와 병용 임상을 진행하였으며, 높은 효과를 글로벌 학회에서 발표해왔음. 금년 6월에 ASCO에서도 좋은 임상 결과가 기대됨.

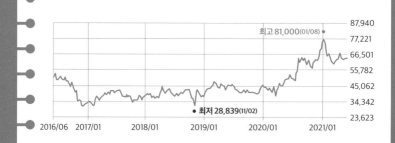

12. 녹십자

글로벌 시장에서 인정받은 백신 전문 바이오 기업
2020년 10월 CEPI(감염병혁신연합)와 코로나 백신 5억 도즈에 대한
CMO 체결

시가 총액 3조 9,267억 원(2021년 6월 1일 종가 기준)

기업 개요

- 동사는 1969년에 설립되었으며 1978년 유가 증권에 상장하였음. 혈액 제제 및 백신 제제를 비롯해 ETC 및 OTC 제제 등의 의약품을 제조 및 판매하고 있음.
- 2020년 기준 매출액 1조 5,041억 원 및 영업 이익 503억 원 달성.

체크 포인트

- 2020년 10월 코로나 백신 5억 도즈에 대한 CMO 체결은 동사에게 큰 성장 모멘텀이 될 것으로 전망.
- CEPI와의 CMO 계약은 동사의 백신 생산 능력을 글로벌 시장에서 인정받았다는 것으로 판단됨.

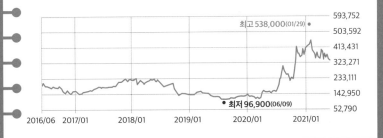

최고 538,000(01/29)

최저 96,900(06/09)

593,752
503,592
413,431
323,271
233,111
142,950
52,790

2016/06 2017/01 2018/01 2019/01 2020/01 2021/01

13. HK이노엔

기존 제네릭 및 개량 신약 중심에서 전문 의약품과
바이오 신약 개발 기업으로 성장 중

시가 총액 약 2조 원 예상

기업 개요

- 2014년 CJ제일제당의 제약 사업 부문 물적 분할로 CJ헬스케어가 설립되었으며 2020년 4월 HK이노엔으로 사명을 변경하였음.
- 동사는 2021년 5월 초에 상장 예비 심사 청구를 완료하였으며 올해 하반기에 상장할 계획임. 상장 후 예상 시가 총액이 2조 원 이상 형성될 것으로 기대됨.

체크 포인트

- 국산 30호 신약인 위식도 역류 질환 치료제 '케이캡정'이 2020년 5월 미국 임상 1상 승인을 받았으며, 향후 국내외 사업 확대도 지속할 계획임.
- 국내 최초 B형 간염 백신과 케이캡으로 기술력을 입증받았으며, 최근 세포 유전자 치료제 사업까지 뛰어들어 올해 매출액이 7,000억 원 상회할 것으로 전망됨.

14. 알테오젠

고성장 중인 면역 항암제 시장에서 필수 옵션이 된 피하 주사,
동사의 수혜 지속 전망

시가 총액 2조 9,571억 원(2021년 6월 1일 종가 기준)

기업 개요

- 2008년 설립되어 2014년 기술 특례로 코스닥 시장에 상장됨.
- 체내 지속형 기술, 항체-약물 접합 기술, 피하 주사 변환 등 다양한 제형 기술을 기반으로 효능과 편의성을 개선한 의약품 개발 중.
- 동사는 2020년 6월 글로벌 10대 제약사와 인간 히알루로니다제 원천 기술(ALT-B4) 비독점적 라이선스 계약을 체결한 바 있으며, 마일스톤 및 로열티 총액은 38억 6,500만 달러(약 4조 6,770억 원)임.

체크 포인트

- Keytruda를 비롯하여 Opdivo, Tecentriq 등 다양한 면역 항암제 개발사의 피하 주사형 개발은 필수 옵션이 되었음. 활용 가능한 피하 주사 제형 변환 플랫폼의 수는 한정적이며, 이 같은 트렌드는 동사에 큰 수혜가 될 것으로 전망됨.

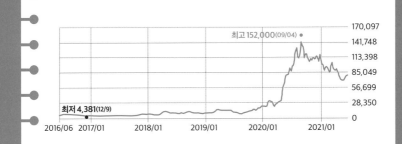

최고 152,000(09/04)

최저 4,381(12/9)

170,097
141,748
113,398
85,049
56,699
28,350
0

2016/06　2017/01　2018/01　2019/01　2020/01　2021/01

15. 아이큐어

향후 품목 허가 가능성이 높은 도네페질 치매 패치제 국내 임상 3상 종료
화장품 ODM/OBM 보유를 통한 사업 다각화 추진

시가 총액 3,943억 원(2021년 6월 1일 종가 기준)

기업 개요

- 2000년 설립하여 피부를 통해 약물을 체내 전달하는 기술로 신제형 의약품 연구 개발 및 생산 회사로 성장하여 2018년 코스닥 상장.
- 동사는 TDDS(Transdermal Drug Delivery System) 플랫폼 기반 개량 신약 개발 전문 업체이며, 지난 2월 셀트리온과 공동 진행한 도네페질 치매 패치제 국내 임상 3상에서 성공적인 결과값을 도출한 바 있음.

체크 포인트

- 글로벌 알츠하이머 치매 치료제 시장은 10조 원 이상이며, 패치제 출시 시 기존 경구제에서 패치제로 빠르게 전환될 것으로 기대됨.
- 도네페질 치매 패치제의 미국 FDA 임상 1상 승인 완료. 국내 3상 결과 바탕으로 2024년 미국 시장 진출 가능성 기대.

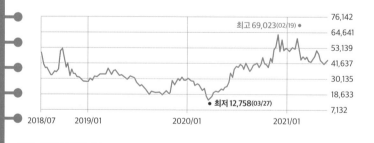

최고 69,023(02/19)
최저 12,758(03/27)

76,142
64,641
53,139
41,637
30,135
18,633
7,132

2018/07   2019/01   2020/01   2021/01

16. 제넥신

항암면역 치료제 및 차세대 단백질 신약 개발 전문 바이오 기업
COVID-19를 통해 DNA 백신 기업으로 도약 중

시가 총액 2조 4,936억 원(2021년 6월 1일 종가 기준)

기업 개요

- 1999년에 포스텍 학내 벤처로 시작하여 이후 2009년 코스닥 상장한 기업으로 hyFC 플랫폼 및 DNA백신 기술을 보유한 기업
- 항체 융합 단백질 제조 기술 및 유전자 치료 백신 제조 기술을 바탕으로 GX-I7 등 2020년 기준 공동 임상 파이프라인 18개 보유(단독 합계 시 총 24개).
- 관계사인 네오이뮨텍이 2021년 3월에 상장되었으며, 작년 12월 툴젠 유상 증자를 통해 최대 주주 지위 확보.

체크 포인트

- 코로나 백신 GX-19N의 2a상 중간 결과는 6월말 나올 것으로 예상됨. 최종적으로 2021년 내 국내 긴급 승인을 기대하고 있음. 또한, 변이 환자가 많은 국가 중심으로 글로벌 3상(25,000~30,000명)도 진행할 예정.
- DNA 백신 GX-188E(자궁 경부암 키트루다 병용)의 2상 중간 결과를 2021년 ASCO에서 발표할 계획임.

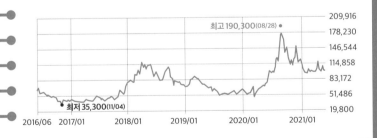

17. SD바이오센서

국내 코로나 진단키트 수출 주역인 기업
2021년 6월 코스피 상장 예정

시가 총액 약 8조 8,133억 원(공모가 상단 기준)

기업 개요

- 동사는 1999년에 전신인 에스
디를 설립하여 진단 시약을 세계
최초로 개발하는 성과를 낸 후,
2003년 코스닥 상장에 상장하였
지만 2010년 미국 제약사 엘리어
로부터 적대적 인수 합병(M&A)을
당하며 상장 폐지된 후 SD바이오
센서를 설립하였음.
- 체외 진단 기기 부문에서 전 세계
에서 두 번째로 많은 WHO PQ 승
인 내역 확보한 바 있음.

체크 포인트

- 2021년 6월 코스피 상장 예정.
- 2020년 기준 매출액 1조 6,861
억 원 및 영업 이익 7,392억 원
달성.

---

18. 피씨엘

COVID-19 진단 키트로 캐시 카우 확보
혈액, 암, 코로나 등 다중 진단 키트를 보유한
국내 다중 면역 진단의 선두 주자

시가 총액 5,185억 원(2021년 6월 1일 종가 기준)

기업 개요

- 2008년에 면역 진단용 체외 진단 의료 기기 개발 및 제조 등을 주요 사업으로 영위할 목적으로 설립되었으며 2017년 2월에 코스닥에 상장하였음.
- 동사는 졸겔(Sol-gel) 다중 면역 진단 기술 기반의 혈액 선별 스크리닝, 현장 검사(POCT) 스크리닝 장비 및 진단 키트 공급, 연구용 플랫폼 서비스 사업을 영위하고 있음.

체크 포인트

- 2020년 기준 매출액 537억 원 및 영업 이익 257억 원 달성.
- 국내 혈액 선별 스크리닝 선두 주자로 국내 최초로 혈액 선별 장비('HiSU') 납품에 성공하였음.
- 향후 적십자 및 해외 지역으로 입찰이 가시화될 경우 연간 30조 원 규모의 글로벌 혈액 선별 시장에서의 큰 폭의 성장이 기대됨.

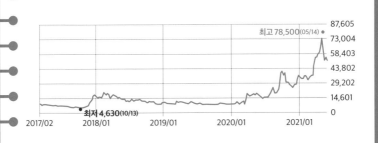

19. 젠큐릭스

분자 진단-액체 생검 전문 기업
암 조기 진단부터 예후/동반 진단, 수술 후 모니터링 검사 등
진단 솔루션 제공

시가 총액 1,533억 원(2021년 6월 1일 종가 기준)

기업 개요

- 동사는 2011년에 설립되어 암 예후 진단, 동반 진단 의료 기기의 개발 사업을 영위하고 있으며, 2020년 코스닥 시장에 상장함.
- 주요 제품군으로 유방암 예후 진단 키트 GenesWell BCT와 폐암 동반 진단 키트 GenesWell ddEGFR 등을 보유함.
- NGS 기반의 진단 업체인 엔젠바이오의 최대 주주이며 진단 시약 외에 장비 및 관련 기술을 확보하기 위해 나노바이오라이프, 지노바이오 등을 인수함.

체크 포인트

- GenesWell BCT와 GenesWell ddEGFR의 매출 확대 예상. 간암과 대장암 조기 진단 액체 생검 제품인 'HEPA eDX'와 'COLO eDX'의 개발을 완료하였으며, 연내 임상 시험을 완료하고, 2022년 제품 허가를 목표로 함.
- 조기 진단 및 동반 진단 등 후속 제품들의 상용화와 제품 수출을 통한 글로벌 시장 진출을 통해 본격적인 매출 성장이 기대됨.

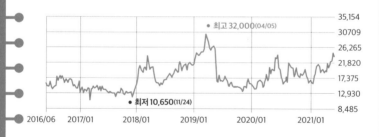

20. 엔젠바이오

NGS 기반 정밀 진단 플랫폼 기업
주요 암종 및 희귀 질환에 대한 정밀 진단 패널 제품군 보유

시가 총액 2,541억 원(2021년 6월 1일 종가 기준)

기업 개요

- 2015년 정밀 의료 분야 사업 추진을 위해 KT와 젠큐릭스의 합작 법인으로 설립되어 2020년 코스닥 시장에 상장하였으며, NGS 기반 유전자 패널 및 소프트웨어 공급 사업을 영위하고 있음.
- NGS 정밀 진단 플랫폼을 구축하여 유전성 유방암 및 난소암 관련 제품과 고형암 관련 제품, 혈액암 관련 제품 등을 상용화하였으며, 그 외 동반 진단 제품을 제약사와 공동 개발 중임.

체크 포인트

- 주요 제품인 BRCAaccuTest 등 NGS 기반 유전자 패널 외에 동반 진단과 액체 생검, DTC 영역 등 사업 영역을 확장하고 있음.
- 동반 진단 시장 선점을 위해 아이디언스, 온코닉테라퓨틱스, 오토텔릭바이오 등을 포함한 국내외 회사들과 다양한 형태의 프로젝트를 진행 중이며, 미국 시장을 포함한 해외 진출을 가속화하기 위한 지역별 전략을 수립하여 매출 확대가 기대됨.

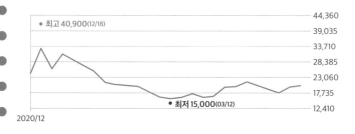

최고 40,900(12/18)

최저 15,000(03/12)

2020/12

44,360
39,035
33,710
28,385
23,060
17,735
12,410

21. 프리시젼바이오

아이센스 자회사, 현장 진단 의료 기기(POCT) 전문 바이오 기업
삼성전자 체외 진단 기기 사업 인수

시가 총액 1,866억 원(2021년 6월 1일 기준)

기업 개요

- 동사는 혈당 의료 기기 전문 기업인 아이센스의 자회사로 2009년 9월 28일에 설립되어, POCT(현장 진단) 의료 기기 사업에 진출하기 위해 2015년 POCT 시약을 비롯해 자체 항체 개발 및 생산 기술을 보유한 진단 카트리지 전문 업체 미국 나노디텍을 M&A하였음. 이후 2020년 12월 22일 코스닥 시장에 상장하였음.
- 2019년 말 체코, 오스트리아 등에서 면역 진단 제품(Exdia TRF)을 출시해 성능을 검증한 이후 2000년부터 본격적으로 스위스, 독일 등으로 판매를 확대했으며, 지난해 별도 매출 기준으로 70% 이상을 유럽에서 달성한 바 있음.

체크 포인트

- 차별화된 이미징 TRF(시분해 형광) 검사기를 통해 향후 추가적인 검사기 설치와 카트리지 판매를 확대하여 지속적인 매출 성장이 기대됨.
- 자회사인 나노디텍에서 자체 브랜드인 Nano-Check 제품으로 미국 EUA 등록을 진행 중이며 일본에서는 Exdia TRF COVID-19 제품과 Influenza 제품에 대해 임상을 끝내고 PMDA 등록을 준비 중에 있음.
- 2020년 삼성전자의 체외 진단 기기 사업을 이전받아 해외 시장 개척을 적극 추진 중에 있음.

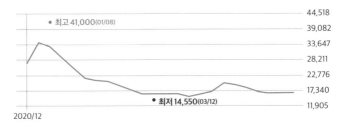

최고 41,000(01/08)

최저 14,550(03/12)

2020/12

44,518
39,082
33,647
28,211
22,776
17,340
11,905

22. 티앤알바이오팹

20년 연구 기반의 독자적 3D 바이오 프린팅 기술 및 특허 보유
세포 프린팅 및 역분화 줄기세포(iPSC) 분화 기술 확보

시가 총액 2,681억 원(2021년 6월 1일 종가 기준)

기업 개요

- 2013년 설립되어 3D 바이오 프린팅 기술을 통한 생분해성 인공 지지체, 생물학적 제제의 생산 및 판매 와 3D 바이오 프린팅 시스템 사업 등을 영위하고 있으며 2018년 11월에 코스닥 시장에 상장하였음.
- 동사는 3D 바이오 프린팅 기술을 기반으로 단기적으로는 인공 지지체와 연구용 바이오 잉크를, 장기적으로는 큰 시장성을 갖는 3D 심근 패치와 연골 세포 치료제를 개발 중.

체크 포인트

- 세계 3위 수준의 3D 바이오 프린팅 특허(출원, 등록)를 보유했고, 200편 이상의 관련 SCI(과학기술논문 인용색인지수)급 논문을 발표함.
- J&J 메디칼에티콘과 맺은 3D 스캐폴드 공동 개발 계약이 올해 6월 완료될 예정. 1차 결과를 바탕으로 상업화를 위한 구체적 개발 및 계약 예정.
- 비브라운과 3D 바이오 프린팅 기술을 접목한 생분해성 지지체(스캐폴드) 개발 완료.

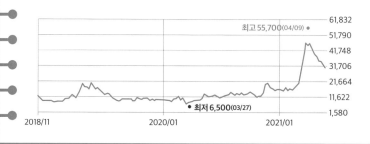

최고 55,700(04/09)

● 최저 6,500(03/27)

61,832
51,790
41,748
31,706
21,664
11,622
1,580

2018/11　　　2020/01　　　2021/01

23. 진매트릭스

분자 진단 핵심 원천 기술(Neoplex, Omniplex, RFMP 기반) 보유
COVID-19 장기화에 따른 대표적 수혜 기업

시가 총액 2,345억 원(2021년 6월 1일 종가 기준)

기업 개요

- 동사는 항암, 항바이러스, 항생물
질 등의 의약품 개발 및 유전자 변
이 연구를 통한 진단 기기 개발을
목적으로 2000년 12월에 설립되
었으며 2009년 11월 코스닥에 상
장되었음.
- C-Tag, Encleap, TriO, RFMP 등
자체 개발한 분자 진단 원천 기술
을 이용해 질병을 진단하는 의료
기기를 개발, 판매하고 있으며, 질
병 예방을 위한 백신 개발 및 천연
물을 활용한 기능성 소재 개발을
추진하고 있음.

체크 포인트

- 코로나19(COVID-19) 확산으로 인
해 진단 키트 수요가 증가함에 따
라, 동사의 매출이 큰 폭으로 증대
되었음. 또한 코로나19 장기화 추
세로 당분간 진단 키트 수요가 증
가할 것으로 전망됨.
- 동사는 분자 진단 분야에서 글로
벌 경쟁력을 가진 원천 기술을 개
발, 경쟁적 우위를 가질 수 있는
기술적 포트폴리오를 구축하고
있으며, 그동안 축적해온 신규 바
이오마커 개발 역량과 면역 백신
기술을 바탕으로 혁신 신약 개발
을 추진하는 등 성장 모멘텀을 확
보하고 있음.

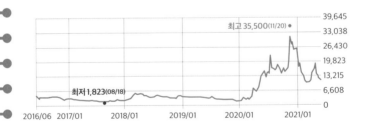

최고 35,500(11/20)

최저 1,823(08/18)

39,645
33,038
26,430
19,823
13,215
6,608
0

2016/06 2017/01 2018/01 2019/01 2020/01 2021/01

24. 아이센스

혈당 측정기 전문 기업에서 토탈 체외 진단 기업을 목표로 사업 다각화

시가 총액 3,825억 원(2021년 6월 1일 기준)

기업 개요

- 동사는 2000년에 설립되어 진단 의료 기기 제조 및 판매 사업을 영위하고 있으며, 주요 제품은 자가 혈당 측정 및 현장 진단(POCT) 장비가 있음.
- 동사는 자가 브랜드 및 OEM/ODM을 통해 시장에 제품을 공급 중이며, 주요 고객사는 Walmart(Arkray를 통해 공급), SANOFI 및 CVS Pharmacy(AgaMatrix를 통해 공급) 등이 있음.

체크 포인트

- 스트립 공장 증설로 외형 성장이 기대되며, 기존 및 신규 고객사 대응을 위해 연간 5억 개의 추가 증설을 계획 중이며, 2022년 하반기 품질 허가까지 완료될 예정.
- 연속 혈당 측정기의 임상이 진행 중으로, 2022년 상업화가 예정되어 있음. 국내외 당뇨 환자는 지속적인 증가 추세에 있어 관련 시장 확대의 수혜를 입을 수 있을 것으로 판단됨.

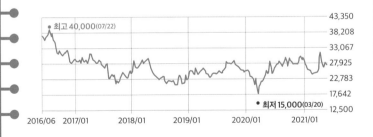

최고 40,000(07/22)

최저 15,000(03/20)

43,350
38,208
33,067
27,925
22,783
17,642
12,500

2016/06 2017/01 2018/01 2019/01 2020/01 2021/01

25. 오스템임플란트

한국 임플란트 대표 기업, 글로벌 시장 점유율 5위

시가 총액 1조 2,728억 원(2021년 6월 1일 기준)

기업 개요

- 1997년 설립, 2007년 코스닥 시장에 상장한 오스템임플란트는 글로벌 M/S 5위의 국내 최대 임플란트 기업.
- 2021년 4월 15일 회사 분할 공시를 통해 지주사 체제로의 전환을 발표하였음. 올해 10월에 존속 법인(오스템홀딩스)과 신설 법인(오스템임플란트)이 상장할 계획임.

체크 포인트

- 중국 시장 내 임플란트 메이저 업체 중 유일하게 직접 영업 방식으로 폭증하는 수요에 선제적으로 대응 중. 보수적인 충당금 내부 설정을 통한 높아진 이익 가시성을 감안하면 중장기적으로 기업 가치 상승이 기대됨.

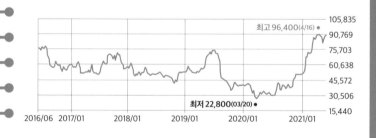

최고 96,400(4/16) ●

최저 22,800(03/20) ●

| 105,835 |
| 90,769 |
| 75,703 |
| 60,638 |
| 45,572 |
| 30,506 |
| 15,440 |

2016/06 2017/01   2018/01   2019/01   2020/01   2021/01

26. 레이

치과용 영상 진단 장비 및 디지털 덴티스트리 솔루션 업체
치과용 3D 스캔, CAD/CAM 소프트웨어,
3D 프린터 덴티스트리 솔루션 보유

시가 총액 3,606억 원(2021년 6월 1일 종가 기준)

기업 개요

- 2004년 10월 설립되어 2019년 8월 코스닥 시장에 상장하였음. 기존 방사선 기반의 영상 진단 장비 제조 업체 사업에서 영역을 확장하여 영상 진단 장비, 보형물 등의 디자인 소프트웨어, 보형물 제작 지원 장비 등의 치과 진료 프로세스를 일원화된 디지털 치료 솔루션으로서 제공하고 있음.
- 2017년 말 시작한 동사의 디지털 덴티스트리 사업은 2019년에 기존 사업 매출 비중을 역전하여 주력 사업으로 자리매김함.

체크 포인트

- 수출 비중이 90%에 달하는 수출 주도형 기업으로, 2020년 실적은 코로나19의 영향으로 인한 주요 해외 매출 지역의 영업 중단으로 인해 감소, 다만 국내 유일 디지털 풀 라인업 구축 업체로서 성장성 보유함.
- 2021년부터 메가젠임플란트향 ODM 장비 매출 시현 및 중국 내 대형 프랜차이즈 병원향 매출 확장 등으로 2021년 실적 턴어라운드 기대됨.

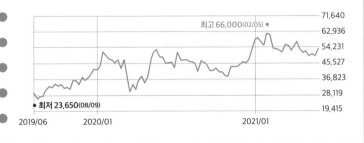

최고 66,000(02/05) ●

최저 23,650(08/09)

71,640
62,936
54,231
45,527
36,823
28,119
19,415

2019/06　　2020/01　　　　　2021/01

27. 바디텍메드

수출 중심의 현장 진단(POCT) 체외 진단 의료 기기 제조 업체
코로나19 및 독감 동시 진단 키트 등 신규 검사 장비 개발 노하우 보유

시가 총액 4,697억 원(2021년 6월 1일 종가 기준)

기업 개요

- 1998년 바디텍㈜로 설립되어 항체 제작 서비스업을 시작, 2006년 중국향 제품 수출을 개시하고, 2009년 진단기기 제조업을 영위하는 바이오 메드포토닉스㈜를 흡수 합병하여 사업을 확장함.
- 2016부터 본격적인 해외 사업 확장을 위해 Immunostics사, ㈜미리메딕스, ㈜유진셀의 지분을 인수하고 중국 등 지역에 현지 법인을 설립하였음.

체크 포인트

- 2020년 코로나19 항원 진단에 대한 글로벌 수요 증가에 따라 매출 및 영업 이익 등 수익성이 큰 폭으로 증가함.
- 2019년부터 해외 유통망 다원화 전략을 통해 외형 및 성장세를 확대해왔으며, 체외 진단 시장의 성장세와 신규 검사 장비 개발 역량을 바탕으로 POCT 분야에서의 경쟁력을 확대할 것으로 기대됨.

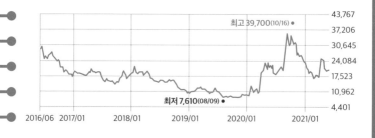

28. 씨젠

분자 진단용 시약 및 기기 개발 원천 기술 보유 기업
2020년, 코로나 진단 키트 매출을 통해 역대 매출 실적 달성

시가 총액 3조 5,670억 원(2021년 6월 1일 종가 기준)

기업 개요

- 2000년 유전자 분석 관련 기술 및 시약 개발을 목적으로 설립 후 2010년 코스닥 상장. 유전자 분석을 통해 질병의 원인을 분석하는 분자 진단 시약 등의 개발, 제조 및 공급 판매업 영위함.
- 다양한 질병의 원인을 동시 분석할 수 있는 멀티플렉스 유전자 증폭 시약 및 분석 기술을 확보하여 국내외 중대형 종합 병원 및 검사 수탁 기관에 분자 진단 제품을 공급 중.

체크 포인트

- 2020년 코로나19 키트 판매를 통해 1조 1,252억 원이라는 역사적 매출 실적 달성. 급등한 주가는 포스트 코로나 시대의 코로나 진단 키트 매출 하락 우려로 인해 조정 단계.
- 향후 기업 가치는 코로나 키트 매출을 통해 확보한 현금성 자산을 활용한 포스트 코로나 이후의 사업 다각화 방향에 따라 결정될 것으로 전망됨.

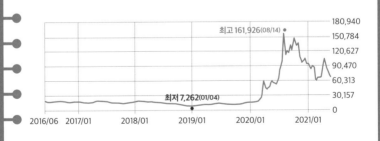

최고 161,926(08/14)
최저 7,262(01/04)

180,940
150,784
120,627
90,470
60,313
30,157
0

2016/06   2017/01   2018/01   2019/01   2020/01   2021/01

29. SK바이오사이언스

백신 CMO/CDMO 및 자체 백신 개발 업체
코로나19 백신 후보 물질 2개(NBP2001, GBP510),
폐렴 구균 백신 사노피와 공동 개발

시가 총액 11조 3,985억 원(2021년 6월 1일 종가 기준)

기업 개요

- 2018년 SK케미칼의 백신 사업 부문을 물적 분할하여 설립된 회사로서, 백신 사업의 유통 및 판매, CMO/CDMO 사업을 영위하고 있음.
- 합성 항원 방식의 코로나 19 백신 후보 물질 2개(NBP2001, GBP510)를 개발 중이며, 각각 임상 1상과 임상 1/2상 단계. 또한, 사노피와 차세대 폐렴 구균 백신 개발을 위한 공동 개발 협약을 맺고 현재 글로벌 임상 2상 진행 중에 있음.

체크 포인트

- 향후의 기업 가치는 동사의 임상 중 파이프라인인 'GBP510'과 'NBP2001'의 향방에 의해 결정될 것으로 판단됨.
- 동사의 GBP510 파이프라인은 코로나19 스파이크 단백질 내 핵심 부분인 RBD단백질 합성 항원 백신으로, 3분기부터 임상 3상 진입, 내년 초 허가가 예상됨. 또한 상업화 시 COVAX(국제백신공급기구)에 제품을 공급하기로 기계약되어 큰 폭의 기업 가치 신장이 기대됨.

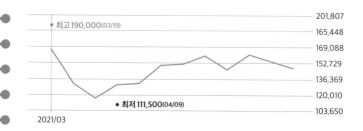

최고 190,000(03/19)

● 최저 111,500(04/09)

2021/03

201,807
165,448
169,088
152,729
136,369
120,010
103,650

30. 삼성바이오로직스

36만 리터의 생산 용량을 보유한 세계 최대 규모의
바이오 CDMO 항체 의약품에 이어 mRNA 생산 설비 확충 진행

시가 총액 55조 493억 원(2021년 6월 1일 종가 기준)

기업 개요

- 삼성에서 바이오 제약을 5대 신사업 중 하나로 선정하며 신약 개발에 앞서 2011년 바이오의약품 위탁 생산 기업 삼성바이오로직스를 설립, 2016년 11월 코스피 상장(2021년 6월 현재 코스피 7위).
- 공장 건설 노하우를 바탕으로 경쟁사 대비 저렴한 가격의 바이오시밀러 생산 라인을 구축하였으며, 2012년 1공장 가동 이후 2공장, 3공장을 연이어 건설하며 1.85조를 투자하여 총 36만 리터에 달하는 세계 최대 규모의 CMO 구축.

체크 포인트

- 바이오 의약품의 성장으로 CDMO의 수요 증가.
- 25만 리터 규모의 4공장 건설 중으로, 선수주가 진행되고 있으며 이에 따른 매출 변동에 따라 기업 가치 변동 전망.
- 기존 공장에 mRNA 원료 의약품 생산 설비를 증설 중에 있어, 코로나19 백신뿐만 아니라 mRNA 의약품 생산에도 대응할 예정으로, 향후 mRNA 의약품의 수요와 동사의 생산 역량에 주목할 필요.

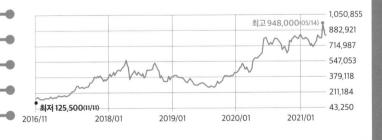

최고 948,000(05/14)

1,050,855
882,921
714,987
547,053
379,118
211,184
43,250

최저 125,500(11/11)

2016/11   2018/01   2019/01   2020/01   2021/01

31. 에스티팜

올리고뉴클레오티드 신약 전문 CDMO
전주기 신약 개발 기업으로 사업 영역 확장 추진

시가 총액 2조 354억 원(2021년 6월 1일 종가 기준)

기업 개요

- 1983년 삼천리제약으로 설립되어 2008년 유켐에 인수된 후 2010년 동아쏘시오 그룹에 편입되며 에스티팜으로 사명을 변경하였으며, 올리고뉴클레오티드 CDMO 사업을 영위 중.
- 2018년 올리고뉴클레오티드 공장을 설립하며 글로벌 3위 수준의 생산 용량을 확보하였으며, 2019년 유럽 CRO 업체를 인수, 2021년 미국에 자회사로 신약 개발 바이오텍 레바티오를 설립하는 등 전주기 신약 개발 기업으로 영역을 확장하고 있음.

체크 포인트

- 올리고뉴클레오티드의 생산 용량 글로벌 1위를 목표로 설비 증설 중(2022년 완료 예정).
- 제네반트로부터 아시아 12개국에서 LNP 기술을 활용할 수 있는 권리를 확보하여 mRNA 코로나19 백신 개발 중에 있으며, 미국에서 항암제 임상 1상, 프랑스에서 에이즈 치료제 임상 1상 진행 중.
- RNA 치료제 성장에 따른 CDMO 수주 증가와 자체 개발 mRNA 백신 및 신약의 성과에 따라 가치 재평가가 이루어질 것으로 예상.

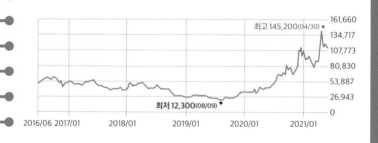

최고 145,200(04/30)

최저 12,300(08/09)

161,660
134,717
107,773
80,830
53,887
26,943
0

2016/06 2017/01 2018/01 2019/01 2020/01 2021/01

32. 유바이오로직스

콜레라 백신 유비콜을 보유한 백신 개발 및 공급 전문 기업
안정적인 Cash-flow를 바탕으로 신규 백신 개발 추진

시가 총액 1조 5,048억 원(2021년 6월 1일 종가 기준)

기업 개요

- 2010년 설립되었으며, 국제백신연구소(IVI)의 콜레라 백신 기술을 이전받아 유니세프, WHO 등 국제구호기구에 백신 공급 실시
- 재조합 단백질 및 면역 증강제 생산 기술을 바탕으로 신규 백신 개발을 추진하고 있으며, 생물학적 제제 생산 및 바이오 의약품 CRMO 사업 영위 중.
- 2020년 나노리포좀 항원 파티클 플랫폼 기술을 보유한 POP Biotech과 미국에 합작 법인 EUPOP Life Sciences를 설립하여 호흡기 세포 융합 바이러스(RSV), 대상 포진 바이러스(HZV) 등 프리미엄 백신 개발을 추진.

체크 포인트

- 2020년 코로나19 영향으로 국제구호기구의 백신 캠페인 사업이 감소하여 경구용 콜레라 백신의 매출이 전년 수준에 그쳤으나, 코로나19 사태 안정화에 따라 수요 회복 기대.
- 현재 장티푸스 백신, 폐렴 구균 백신, 수막 구균 백신이 임상 진행 중으로, 허가 시 공공 시장향 추가 캐시 플로 확보 가능성.
- 단백질 재조합 기술을 활용한 코로나19 백신 유코백19가 임상 추진 중.

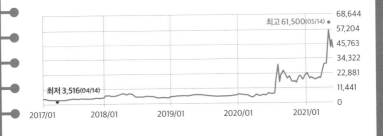

최고 61,500(05/14)

최저 3,516(04/14)

68,644
57,204
45,763
34,322
22,881
11,441
0

2017/01   2018/01   2019/01   2020/01   2021/01

33. 바이넥스

합성/바이오 의약품 위탁 생산 및 개발 전문 기업
다품종 소량 생산이 가능한 중소형 규모 CMO 설비 보유

시가 총액 7,051억 원(2021년 6월 1일 종가 기준)

기업 개요

- 1957년 순천당제약사로 설립되어 2009년 송도 생물산업기술실용화 센터의 민간 위탁 경영을 담당하게 되며 합성 화합물 및 바이오 의약품 CMO 사업을 영위하게 됨.
- 부산에 케미컬 의약품 생산 공장을 보유하고 있으며, 2012년 송도 공장을 증설하고 2015년 한화케미칼로부터 오송 공장을 인수하며 동물 세포 및 미생물을 이용해 원료 및 완제 생산이 가능한 11,200리터 용량의 바이오 의약품 생산 시설을 보유.

체크 포인트

- 매출 중 60% 이상이 합성 의약품이나, 국내 바이오 의약품 개발 건수 증가에 따라 중소형 CMO 수요가 증가하고 있어 바이오 의약품 CMO가 주요 성장 모멘텀으로 제기.
- 2021년 코로나19 백신 스푸트니크V의 컨소시엄에 참여하여, 오송 공장에서 원료 의약품 생산 추진.
- 2021년 식약처로부터 6개 자사 품목 합성 의약품 및 32개 수탁 품목 합성 의약품에 대한 잠정 판매 중지 및 회수 조치를 받았으나, 바이오 의약품 CDMO 수주는 꾸준히 진행 중.

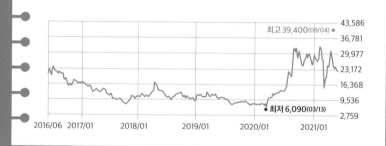

최고 39,400(09/04)

최저 6,090(03/13)

43,586 / 36,781 / 29,977 / 23,172 / 16,368 / 9,536 / 2,759

2016/06 2017/01 2018/01 2019/01 2020/01 2021/01

바이오 투자 레전드 황만순의
대한민국 바이오 투자

초판 1쇄 인쇄 2021년 6월 28일
초판 3쇄 발행 2021년 7월 30일

지은이 황만순
펴낸이 박수인

펴낸곳 ㈜리치캠프
출판등록 제2021-000086호(2021년 5월 6일)
주소 서울시 영등포구 여의대방로 67길 10, 3층 307호(여의도동)
전화 (02)322-7241
팩스 (02)322-7242
이메일 richcampall@richcamp.co.kr

값 17,000원
ISBN 979-11-975165-0-4 03320